Gisele Maria Schwartz • Giselle Helena Tavares
(Organizadoras)

Webgames com o corpo
Vivenciando jogos virtuais no mundo real

São Paulo, 2015

Webgames com o corpo: vivenciando jogos virtuais no mundo real
Copyright © 2015 by Phorte Editora

Rua Rui Barbosa, 408
Bela Vista – São Paulo – SP
CEP 01326-010
Tel./fax: (11) 3141-1033
Site: www.phorte.com.br
E-mail: phorte@phorte.com.br

Nenhuma parte deste livro pode ser reproduzida ou transmitida de qualquer forma, sem autorização prévia por escrito da Phorte Editora Ltda.

CIP-BRASIL. CATALOGAÇÃO NA PUBLICAÇÃO
SINDICATO NACIONAL DOS EDITORES DE LIVROS, RJ

W38

Webgames com o corpo : vivenciando jogos virtuais no mundo real / organização Gisele Maria Schwartz , Giselle Helena Tavares. - 1. ed. - São Paulo : Phorte, 2015.
    176 p. : il. ; 24 cm.
    Inclui bibliografia
    ISBN 978-85-7655-591-9

    1. Educação física. 2. Jogos eletrônicos. I. Schwartz, Gisele Maria. II. Tavares, Giselle Helena.

15-26767	CDD: 372.86	
	CDU: 37.014.543.3	

ph2364.1

Este livro foi avaliado e aprovado pelo Conselho Editorial da Phorte Editora.

Impresso no Brasil
Printed in Brazil

Webgames com o corpo

INSTITUTO PHORTE EDUCAÇÃO
PHORTE EDITORA

Diretor-Presidente
Fabio Mazzonetto

Diretora Financeira
Vânia M. V. Mazzonetto

Editor-Executivo
Fabio Mazzonetto

Diretora Administrativa
Elizabeth Toscanelli

CONSELHO EDITORIAL

Educação Física
Francisco Navarro
José Irineu Gorla
Paulo Roberto de Oliveira
Reury Frank Bacurau
Roberto Simão
Sandra Matsudo

Educação
Marcos Neira
Neli Garcia

Fisioterapia
Paulo Valle

Nutrição
Vanessa Coutinho

Este livro é dedicado a todos os que buscam criar novas estratégias para despertar o interesse pelo conhecimento.

Agradecimentos

Aos membros do Laboratório de Estudos do Lazer (LEL), Departamento de Educação Física, Instituto de Biociências da Unesp (*campus* Rio Claro), pelo comprometimento.

Apresentação

Este livro é fruto de reflexões de pesquisadores do Laboratório de Estudos do Lazer (LEL), que é vinculado ao Departamento de Educação Física, Instituto de Biociências da Unesp de Rio Claro, na tentativa de subsidiar novos enfoques para a aplicação de jogos e brincadeiras, ampliando as possibilidades de vivências nos campos corporativo, da saúde, terapêutico, da educação, do turismo, do lazer e áreas afins. Com base na perspectiva de inovação e em estratégias motivacionais, alguns jogos originalmente advindos do ambiente virtual foram adaptados, para propiciarem a vivência presencial, fora do mundo virtual, com o corpo.

Esses jogos, por suas características inovadoras, atendem às expectativas de crianças, jovens e adultos na atualidade, representando estratégias motivacionais interessantes, capazes de articular imaginação e realidade. A presença de elementos lúdicos envolvendo o imaginário e as novas tendências tecnológicas introduzem um novo conceito referente à corporização do ambiente virtual: são os *webgames* com o corpo, que podem ser desenvolvidos em diferentes setores da vida humana, como no contexto escolar, nos âmbitos terapêutico e corporativo ou no campo do turismo e lazer.

No âmbito educacional, os *webgames* com o corpo são recursos pedagógicos que incitam ao movimento, à valorização das regras, à resolução criativa de problemas e à organização para o sucesso da atividade, sendo indicados para inserção em classe e em aulas de Educação Física. No campo terapêutico, o movimento associativo, a percepção, a atenção e a cognição podem ser reforçados com essas vivências e com novos estímulos. No ambiente corporativo, esses jogos podem ser utilizados como estratégias inovadoras em *workshops* e em convenções, com diversos objetivos, entre eles, o reforço de valores sobre o trabalho cooperativo, ou mesmo, de liderança, concentração e criatividade. No contexto do turismo e lazer, as atividades hedonistas reiteram a participação em grupo, o respeito à diversidade e às regras, e a inclusão.

Por todos esses aspectos, os *webgames* com o corpo representam uma nova tendência de reforço ao movimento corporal, incentivando crianças, jovens e adultos a brincarem com as propostas inicialmente nascidas no ambiente virtual, tomando o corpo como estratégia lúdica para essas atividades.

Sintam-se convidados a experienciarem esse mundo virtual no corporal, por meio da imaginação.

Boa leitura.

Doutora Gisele Maria Schwartz
Laboratório de Estudos do Lazer (LEL), Departamento de Educação Física (DEF),
Instituto de Biociências (IB) da Unesp de Rio Claro.

Sumário

Parte 1: Introdução **13**

1 Histórico, definição e criação dos *webgames* com o corpo 15

Parte 2: *Webgames* com o corpo em diferentes ambientes – Escola........... **23**

2 *Webgames* aplicados à educação infantil (pré-escolares de 4 a 5 anos)..........................25

2.1 Descrição dos jogos e adaptações 28

3 *Webgames* aplicados ao ensino fundamental (6 a 14 anos)...................37

3.1 Descrição dos jogos e adaptações 39

4 *Webgames* aplicados ao ensino médio (15 a 17 anos)......................49

4.1 Descrição dos jogos e adaptações 52

5 *Webgames* aplicados no recreio escolar....................................61

5.1 Descrição dos jogos e adaptações 63

Parte 3: *Webgames* com o corpo em diferentes ambientes – Lazer............. **71**

6 *Webgames* aplicados em hotéis e acampamentos de turismo 73

6.1 Descrição dos jogos e adaptações 76

7 *Webgames* aplicados em academias de ginástica e dança 85

7.1 Descrição dos jogos e adaptações 87

8 *Webgames* educativos na natureza 97

8.1 Descrição dos jogos e adaptações 98

9 *Webgames* aplicados em programas para idosos 107

9.1 Descrição dos jogos e adaptações 109

Parte 4: *Webgames* com o corpo em diferentes ambientes – Cenário corporativo/empresas... **117**

10 *Webgames* aplicados em convenções 119

10.1 Descrição dos jogos e adaptações 121

11 *Webgames* aplicados em treinamentos *indoor* 129

11.1 Descrição dos jogos e adaptações 130

12 *Webgames* aplicados na ginástica laboral 143

12.1 Descrição dos jogos e adaptações 145

13 *Webgames* de aventura aplicados *outdoor* 157

13.1 Descrição dos jogos e adaptações 160

Organizadoras e autores 169

Parte 1: Introdução

1 Histórico, definição e criação dos webgames com o corpo

Gisele Maria Schwartz

Nada é mais característico da sociedade contemporânea do que a utilização das inúmeras tecnologias, sobretudo aquelas que envolvem o ambiente virtual e os jogos *on-line*, tema deste livro. Esses recursos nasceram do espírito criativo de indivíduos que marcaram presença ao longo da evolução pela qual passaram os jogos eletrônicos, os quais são utilizados indistintamente, por pessoas de todas as idades, dependendo de interesses particulares.

A história do *video game* não se restringe a uma evolução constante de modelos diferenciados ou, inclusive, de releituras, mas envolve nomes, empresas e culturas, superação, criatividade e infinitas possibilidades. A cada época, novas estratégias foram acionadas, levando os *games* a um *status* nunca antes presenciado.

Dos consoles fixos, interfaces gráficas primitivas à interatividade total, os *video games* marcam sua presença nos diversos setores sociais, sendo envolvidos nos contextos do trabalho, da educação, da terapia e da diversão. As interfaces e as tecnologias digitais de alta complexidade representam uma tendência contemporânea, conforme afirmam Perani e Bressan (2007), com artifícios cada vez mais sofisticados envolvendo, inclusive, o corpo do usuário, o qual participa de forma direta ou indireta nos dispositivos computacionais.

Segundo Kerckhove (1997), gradativamente, a simulação computacional aplicada aos *video games* foi envolvendo os estímulos sensoriais, sendo, de início, desenvolvidos os estímulos táteis. Posteriormente, foram agregadas as interfaces com estímulos visuais e aquelas que promovem experiências corporais individuais e grupais interativas. A tendência atual dos *video games* é a de se valorizar cada vez mais a participação corporal interativa nessas tecnologias.

Essa evolução no contexto tecnológico não tem limite e gera impactos na sociedade de diferentes maneiras. A própria ideia de desenvolvimento de *video games* que pudessem promover mais atividade física, ou que estimulassem a participação corporal efetiva, pode ser decorrente de um apelo social para superar as críticas bastante recorrentes de que os *video games*, juntamente com a televisão, são fatores que colaboram para o estilo de vida sedentário (Gorely, Marshall e Biddle, 2004) e o crescimento do índice de obesidade em crianças e jovens (Rey-Lopez et al., 2008).

O sedentarismo e a obesidade, tanto infantil quanto juvenil, são dois problemas que já se tornaram uma pandemia, e muitos pesquisadores fazem a associação direta das causas dessas doenças com o estilo de vida (Rey-Lopez et al., 2008). Os *video games* entram nessa discussão, uma vez que a atração que esses jogos exercem pode fazer que eles sejam considerados coadjuvantes entre os responsáveis por promover o comportamento sedentário por adicção (Abreu et al., 2008), referente à falta de controle e ao abuso no uso.

Entretanto, outros estudos já evidenciam os benefícios das vivências utilizando *video games* (Rivero, Querino e Starling-Alves, 2012), quando usados de modo sadio e adaptados progressivamente para cada faixa etária. Esses autores apontam impactos positivos das vivências com *video games* nos âmbitos da atenção, percepção e funções executivas, entre outros aspectos.

Para tanto, foi preciso que os dispositivos digitais, criados pela evolução nos *video games*, atendessem aos apelos sociais a fim de superar a ideia de incentivo ao sedentarismo, buscando novas interfaces, mais capazes de motivar a atividade física, com participação interativa do corpo todo. Como uma das mais significativas representantes da indústria do entretenimento, as empresas de *video game*, nas últimas gerações criadas, valem-se de estratégias lúdicas, para incentivarem a prática de atividades físicas (Finco e Fraga, 2012).

Ainda que essa evolução já tenha trazido benefícios para diversos setores, novas maneiras de aplicação e uso dos *video games* podem favorecer outras formas e estratégias para vencer o sedentarismo, como é o caso da proposta dos *webgames* com o corpo. Essa proposta nasceu com a perspectiva de ampliar as possibilidades de atividades a serem vivenciadas de maneira lúdica, respeitando as expectativas e os interesses de diferentes faixas etárias, subsidiando profissionais de diferentes campos, para atuarem de modo mais criativo e atrativo.

As estratégias envolvendo os *webgames* com o corpo foram desenvolvidas pelo grupo que integra o Laboratório de Estudos do Lazer (LEL) da Unesp de Rio Claro (SP), e vêm sendo difundidas em periódicos e eventos (Schwartz, 2003; Schwartz e Campagna, 2007; Schwartz et al., 2012a; Schwartz et al., 2012b; Schwartz et al. 2013), objetivando incentivar sua utilização em diferentes contextos.

A base da proposta dos *webgames* com o corpo é centrada na utilização dos estímulos provenientes dos jogos eletrônicos *on-line*, devidamente transpostos para serem vivenciados com o corpo, de modo presencial, fomentando o espírito lúdico.

Uma das inquietações que justificaram a ideia de se adaptar os jogos eletrônicos *on-line* para serem vivenciados com o corpo girou em torno da percepção de que, mesmo com as interfaces que fizeram o movimento contrário, partindo do presencial para o virtual, permitindo a presença corporal durante o jogo, a movimentação sugerida era limitada, tendo em vista que o jogador não poderia se distanciar muito do equipamento, ficando dependente deste para a execução do movimento. Outra questão foi a de que a utilização dos equipamentos eletrônicos e da internet vão ao encontro das expectativas atuais de todas as faixas etárias, representando um forte apelo motivacional para vencer o sedentarismo.

Costa e Betti (2006) também procuraram estudar a validade de experiências corporais com base, sobretudo, no filme *Harry Potter*, que mostrava o jogo *quadribol*, o qual fora devidamente adaptado para ser jogado em quadra. Os resultados do estudo evidenciaram que essas experiências corporais podem ser de grande valia, sobretudo no contexto escolar.

Com base nessa iniciativa, o grupo do LEL procurou buscar outros estímulos do ambiente virtual, tomando por base os jogos eletrônicos disponibilizados *on-line* que pudessem ser adaptados com o corpo, dando início à proposta dos *webgames* com o corpo.

A base epistemológica dessa estratégia é centrada na *teoria da atividade* (Engeström,1987; 1998), que favorece o olhar sobre as atividades humanas mediadas por artefatos. Essa teoria psicossocial direciona a atenção para as relações estabelecidas entre as atividades humanas e os artefatos culturalmente propostos para o desenvolvimento de tarefas. A teoria da atividade, conforme evidenciaram Engeström; Miettinen e Punamäki (1999, p. 2), é considerada uma abordagem multidisciplinar e "[...] toma como sua unidade de análise o sistema da atividade coletiva orientada para o objeto e mediada por artefatos, fazendo a ponte entre o sujeito individual e a estrutura social.".

Sendo assim, essa abordagem teórica também pode auxiliar na compreensão da interação humano-máquina. Para Duarte (2009), a teoria da atividade leva em consideração todo o sistema envolvido, não apenas a pessoa e a atividade em si, mas focaliza também o processo, referente às equipes, à organização e, inclusive, à contextualização cultural e histórica dos envolvidos e as motivações que os levam àquela prática.

Com base nessa teoria, é possível pensar na apropriação desses recursos em diferentes contextos. Os *webgames* com o corpo podem ser utilizados no âmbito escolar, trazendo novas e divertidas atividades para atender às expectativas de crianças e jovens, mantendo a forte relação que eles demonstram ter com os jogos eletrônicos, mas criando possibilidades de incentivo à prática de atividades físicas.

No contexto do lazer, sobretudo na aplicação em hotéis de turismo e acampamentos educativos, essas estratégias podem representar diferenciais importantes para as empresas que oferecem a recreação nesses ambientes, pela novidade e pelo dinamismo da proposta. Tais atividades, inclusive, podem favorecer vivências intergeracionais, aplicando-se adequadamente nesses ambientes.

No âmbito corporativo, as estratégias que revigoram oportunidades de vivências lúdicas e criativas podem auxiliar tanto nas questões da qualidade de relacionamentos no trabalho quanto nas formas de treinamento *(indoor* e *outdoor)*, durante *workshops* e em convenções. Por suas características lúdicas, cooperativas e de estímulo à criatividade, pode incentivar alteração no clima de convivência, atendendo às necessidades e aos objetivos empresariais.

A fonte de inspiração para a formulação das atividades envolvendo os *webgames* com o corpo é centrada nos jogos *on-line*. Contudo, desde os profissionais que deverão selecionar os jogos e adaptá-los – conforme os objetivos em vista – até os participantes e os jogadores, todos se envolvem em uma atmosfera de estímulo à criatividade e à imaginação, levando o comportamento lúdico a todas as instâncias de vivências.

Portanto, torna-se importante que essa estratégia seja difundida para ser utilizada nos diversos contextos da vida social, incentivando os profissionais de diferentes áreas a repensarem suas práticas, ousarem criativamente, buscando apreender a proposta dos *webgames* com o corpo. Certamente, isso permitirá atender às expectativas contemporâneas, referentes a imprimir maior qualidade na relação humano-tecnologia.

Referências

ABREU, C. N. D. et al. Internet and videogame addiction: a review. *Revista Brasileira de Psiquiatria*, Rio de Janeiro, v. 30, n. 2, p. 156-67, 2008.

COSTA, A. Q.; BETTI, M. Mídias e jogos: do virtual para uma experiência corporal educativa. *Revista Brasileira de Ciências do Esporte*, Campinas, v. 27, n. 2, p. 165-78, jan. 2006.

DUARTE, N. A teoria da atividade como uma abordagem para a pesquisa em educação. *Perspectiva*, Florianópolis, v. 21, n. 2, p. 279-301, 2009.

ENGESTRÖM, Y. *Learning by Expanding*: An Activity-Theoretical Approach to Development Research. Helsinki: University of Helsinki, 1987.

ENGESTRÖM, Y. *An Activity-Theoretical Perspective on Producer-User Interaction*. Helsinki: Academy of Finland, 1998.

ENGESTRÖM, Y.; MIETTINEN, R.; PUNAMÄKI, R-L. (Org.). *Perspectives on Activity Theory*. Cambridge: Cambridge University Press, 1999.

FINCO, M. D.; FRAGA, A. B. Rompendo fronteiras na Educação Física através dos videogames com interação corporal. *Motriz: Revista de Educação Física - UNESP*, Rio Claro, v. 18, n. 3, p. 533-41, 2012.

GORELY, T.; MARSHALL S. J.; BIDDLE S. J. Couch Kids: Correlates of Television Viewing Among Youth. *International Journal of Behavioral Medicine*, New York, v. 11, n. 3, p.152-163, 2004. Disponível em: <http://www.sport.admin.ch/compi/dateien/dokumentation/vanderHorst_07_corr_rev.pdf>. Acesso em: 28 out. 13.

KERCKHOVE, D. *A pele da cultura*. Lisboa: Relógio D´Água, 1997.

PERANI, L. Elementos lúdicos e as interfaces gráficas: aproximações para um estudo comunicacional. In: CONGRESSO DE CIÊNCIAS DA COMUNICAÇÃO NA REGIÃO SUDESTE – INTERCOM SUDESTE, 12., 2007, Juiz de Fora. *Anais...* Juiz de Fora: UFJF, 2007. p.1-12.

Perani, L.; Bressan, R. Wii will rock you: Nintendo Wii e as relações entre interatividade e corpo nos videogames. In: Simpósio Brasileiro de Jogos para Computador e Entretenimento Digital-Sbgames, 6., 2007, São Leopoldo. *Anais...* São Leopoldo: Unisinos, 2007. p.1-5.

Rey-Lopez, J. P. et al. Sedentary Behaviour and Obesity Development in Children and Adolescents. *Nutrition, Metabolism and Cardiovascular Diseases*, Londres, v. 18, n. 3, p. 242-51, 2008.

Rivero, T. S.; Querino, E. H. G.; Starling-Alves, I. Videogame: seu impacto na atenção, percepção e funções executivas. *Revista Neuropsicologia Latinoamericana*, Porto Alegre, v. 4, n. 3, p. 38-52, 2012.

Schwartz, G. M. O conteúdo virtual do lazer: contemporizando Dumazedier. *Licere - Revista do programa de pós-graduação interdisciplinar em estudos do lazer/UFMG*, Belo Horizonte, v. 6, n. 2, p. 23-31, 2003.

Schwartz, G. M.; Campagna, J. Lazer e interação humana no ambiente virtual. *Motriz: Revista de Educação Física - UNESP*, Rio Claro, v. 12, n. 2, p. 175-8, maio/ago. 2007.

Schwartz, G. M. et al. Jogos virtuais e educação física: diversificações nas aulas com a inserção dos webgames adaptados. In: Congresso Ciências do Desporto dos Países de Língua Portuguesa, 14., 2012, Belo Horizonte. *Anais...* Belo Horizonte: UFMG, 2012a. v. 1. 1 CD-ROM.

Schwartz, G. M. et al. New physical activities motivational strategies in leisure ambit. In: World Leisure Congress, 12., 2012, Rimini. *Book of Abstracts...* Rimini World Leisure Organization, 2012b. v. 1. p. 101. 1 CD-ROM.

Schwartz, G. M. et al. Apropriação das tecnologias virtuais como estratégias de intervenção no campo do lazer: os webgames adaptados. *Licere - Revista do programa de pós-graduação interdisciplinar em estudos do lazer/UFMG*, Belo Horizonte, v. 16, n. 3, p. 1-26, set. 2013.

Parte 2: Webgames com o corpo em diferentes ambientes — Escola

2 Webgames aplicados à educação infantil (pré-escolares de 4 a 5 anos)

Danielle Ferreira Auriemo

A preocupação com o desenvolvimento infantil é um assunto bastante explorado pela sociedade científica, tendo em vista as inúmeras facetas associadas ao tema. À guisa de exemplo, pode-se citar Kishimoto (2010), que considera em seus estudos a importância da associação do lúdico no contexto da educação infantil, a fim de aprimorar o desenvolvimento.

Piaget (1975) também prestou sua contribuição, discorrendo a respeito das fases do desenvolvimento infantil. Hoffmann (2010), por sua vez, ressaltou a importância na interação entre os alunos e o ambiente escolar como fator importante para o desenvolvimento da criança. Esses e tantos outros pesquisadores almejam buscar maneiras inovadoras para conseguir subsidiar essa população de crianças, visando um melhor aprendizado nessa fase da vida.

Com o intuito de estimular a aprendizagem de seus filhos, muitos pais procuram, desde cedo, encaminhá-los para uma instituição de ensino que disponha de profissionais especializados para atuar no processo de ensino-aprendizagem, tornando o ambiente escolar agradável para as crianças. Essa ansiedade dos pais pode ter suas bases no fato de que, durante o processo de desenvolvimento cognitivo, ocorrem constantes transformações, resultando na possibilidade de a criança se tornar cada vez mais apta nos conhecimentos e nas habilidades adquiridas (Silva, 2012), se for bem estimulada desde a tenra idade.

Já nas primeiras etapas do desenvolvimento infantil, por volta dos 3 aos 6 anos de idade, a criança encontra-se no período ao qual Piaget (1975) postulou como estágio pré-operatório, sendo nesta fase que a criança, geralmente, é matriculada em instituições de ensino de educação infantil, a antiga pré-escola. Nessa etapa, o organismo da criança começa a se estruturar e passa a estar capacitado para o exercício de atividades psicológicas mais complexas, por exemplo, o uso da linguagem articulada. A criança passa a usar símbolos mentais, imagens ou palavras representando os objetos que não estão presentes (Goulart, 2009).

Hoffmann (2010) ressalta outro fator importante no desenvolvimento da criança nessa fase, ao postular que a interação entre os alunos e o ambiente escolar encontra-se intimamente ligada à aprendizagem. Partindo desse pressuposto, cabe salientar que é construindo com objetos que a criança aprende a fazer melhor; contudo, para se atingir o sucesso, é necessário que haja intervenção, pois, dessa forma, será possível mostrar à criança caminhos a trilhar, indo ao encontro do desenvolvimento do seu aprendizado e possibilitando que ela avance para uma próxima etapa, construída em um ambiente acolhedor e prazeroso no qual seus limites sejam respeitados (Hoffmann, 2010).

Dentro desse contexto do universo infantil, Kishimoto (2010) afirma que durante todo o período da educação infantil deve haver a inserção das brincadeiras, construindo as diversas formas de conceber o brincar. Com isso, torna-se evidente que, por respeitar suas expectativas e seu desenvolvimento, o brincar pode facilitar o processo de cidadania desde o início da vida escolar da criança, com base em ações pedagógicas de melhor qualidade.

Por ser um fator inerente à criança, o ato de brincar deve ser uma das atividades principais em seu dia a dia, inclusive sendo privilegiado no contexto escolar, uma vez que a torna capaz de expressar sentimentos e valores, de aprender a tomar decisões, de conhecer a si própria, aos outros e ao mundo.

Isso ocorre quando a criança expressa sua individualidade e sua identidade por meio das mais diferentes linguagens, sobretudo ao utilizar seus sentidos e seu corpo em movimento, o que possibilita criar e solucionar problemas adequadamente (Kishimoto, 2010).

Sob a mesma ótica, Vieira (2007, p. 5) ressalta que, para a educação infantil, o brincar tem real relevância. A criança amplia "[...] as qualidades de observação, coragem, iniciativa, sociabilidade, disciplina, capacidade criativa, gentileza e enriquece os valores intelectuais e morais.".

No mundo atual, em que as tecnologias são cada vez mais frequentes na vida escolar, o brincar tomou novos rumos, e brincar com auxílio de programas e jogos no computador vem se tornando uma estratégia interessante para auxiliar no aprendizado infantil. As crianças, desde cedo, desenvolvem um verdadeiro fascínio pelo uso das tecnologias de jogos virtuais. Com essa nova maneira de brincar, porém, e sem o devido controle, a criança pode ficar dependente dessas tecnologias para brincar, deixando de lado outras importantes manifestações corporais que permitem seu relacionamento com outras crianças, alienando-se apenas à interação ser humano/máquina, tão privilegiada e difundida na sociedade atual.

Sendo assim, a proposta deste capítulo é mostrar que jogos eletrônicos on-line podem ser transferidos para o ambiente físico, sem deixar de contentar as expectativas das crianças. Para tanto, basta que os profissionais envolvidos com essa etapa do desenvolvimento infantil utilizem a criatividade, adaptando algumas atividades para estímulos provenientes dos jogos *on-line*, para que sejam realizadas com o corpo todo, em vez de se limitar às mãos para manusear o *mouse* ou o teclado do computador. Seguem, então, três propostas de adaptação de jogos *on-line* voltados para a faixa etária de 4 a 5 anos.

2.1 Descrição dos jogos e adaptações

2.1.1 Passeio divertido

- **Nome do jogo original**: Caminho dos Bichos.

- **Fonte**: <http://clickjogos.uol.com.br/jogos/caminho-dos-bichos/>.

- **Descrição do jogo**: as crianças devem movimentar as peças de modo que o bicho consiga chegar a seu alimento, funcionando como um quebra-cabeça para estimular o raciocínio lógico. Primeiro, aparece a tela que mostra a página inicial; depois, quando a criança seleciona *jogar*, aparece a explicação, que deve ser acompanhada por um leitor adulto, quando jogado no computador.

- **Nome adaptado**: Passeio divertido.

- **Objetivo**: fazer que o bicho alcance seu alimento, descobrindo o caminho livre.

- **Faixa etária**: 4 a 5 anos.

- **Recursos materiais**: utilizar uma cartolina, EVA, papel-cartão ou similares para confeccionar um hexágono grande o suficiente para que a criança consiga manusear (sugestão: diâmetro de 15 cm). Será necessário utilizar tinta guache, lápis de cor, giz de cera ou similares para pintar parte do hexágono, a fim de delimitar os possíveis caminhos.

- **Duração**: 30 minutos, podendo variar em virtude do tamanho da turma ou de ser jogado individualmente ou em grupo, cabendo ao aplicador definir.

- **Desenvolvimento**:
  - A criança precisa posicionar os hexágonos de maneira a liberar um caminho para que o bicho escolhido consiga alcançar seu alimento. O hexágono deverá ter duas cores, e o aplicador define qual cor a criança deve utilizar para efetuar o caminho de ligação entre o bicho e seu alimento.
  - A atividade pode ser realizada em sala de aula, pátio, quadra ou em um espaço livre, no qual a criança possa utilizar o chão sem que haja obstáculos.
- **Variações e adaptações**: utilizou-se o tema dos bichos e de seus alimentos, mas pode-se variar, optando pelo tema dos bichos e seu *habitat*. Outra possibilidade é, em vez de ter apenas um alimento para o bicho alcançar, disponibilizar-se mais de um, o que levará a criança a pensar sobre qual alimento é o correto para aquele animal, e da mesma forma com relação ao seu *habitat*. Também é viável colocar o filhote de um lado e o animal adulto do outro.

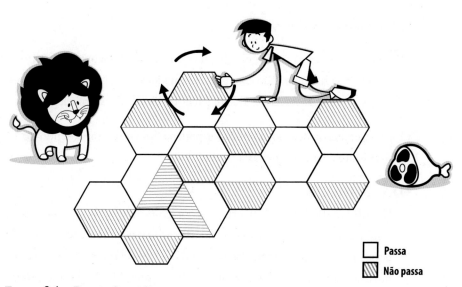

Figura 2.1 – Passeio divertido.

2.1.2 Completar o retângulo brincando com o corpo

- **Nome do jogo original**: Tetris.

- **Fonte**: <http://clickjogos.uol.com.br/jogos/tetro-mania/>.

- **Descrição do jogo**: o jogo consiste em empilhar peças de configurações diferentes (formato de L, T, I, __) que descem em um retângulo delimitado, de forma que completem linhas horizontais. Quando uma linha se forma, ela se desintegra, as camadas superiores descem, e o jogador ganha pontos. Há, porém, um limite de tempo e, quando a pilha de peças chega ao topo da tela, a partida se encerra.

- **Nome adaptado**: Completar o retângulo brincando com o corpo.

- **Objetivo**: preencher o máximo possível de linhas no retângulo estipulado pelo aplicador.

- **Faixa etária**: 4 a 5 anos.

- **Recursos materiais**: retângulo dividido em linhas horizontais e verticais. Pode ser desenhado no chão com giz, delimitado com fita-crepe diretamente no chão ou, ainda, confeccionado em papel-cartão, EVA, cartolina, papelão.

- **Duração**: a cada desafio, o aplicador pode estipular o tempo, sendo de 10 a 15 minutos para completar a tarefa.

- **Desenvolvimento**:
  - Dividir em dois grupos (10 crianças por grupo) ou mais, de acordo com o número de crianças. Nessa proposta, as crianças receberão tipos de peças que deverão ser utilizadas e, com o corpo, elas deverão simular os movimentos das peças, utilizando o espaço que foi solicitado e procurando sempre preencher o maior número de linhas horizontais possível.

- A atividade deve ser realizada em sala de aula, pátio, quadra ou qualquer espaço em que se possa utilizar o chão, sem que haja obstáculos. Ao término do tempo, deve-se verificar as diferentes maneiras de se colocar as peças sobre o retângulo.

- **Variações e adaptações**: essa atividade pode ser feita também exatamente como o jogo eletrônico, eliminando-se as linhas horizontais e contando o quanto as crianças conseguem preencher em um tempo estipulado. Outra possibilidade é confeccionar com as crianças algumas peças gigantes e trabalhar com essas peças, em vez de fazê-lo com o próprio corpo.

Figura 2.2 – Completar o retângulo brincando com o corpo.

2.1.3 Circuito aventura motora

- **Nome do jogo original**: *Crash Bandicoot*.

- **Fonte**:<http://clickjogos.uol.com.br/Jogos-online/Acao-e-Aventura/Crash--Bandicoot/>.

- **Descrição do jogo**:
  - Consiste em um circuito com algumas barreiras a serem ultrapassadas. O jogo se passa nas fictícias Ilhas N. Sanity, um arquipélago situado na costa noroeste da Austrália, e possui 32 fases, sendo seis delas de chefes e duas fases secretas. Com exceção dos chefes, todas as fases contêm caixas a serem quebradas. Se todas as caixas forem quebradas e o jogador chegar ao final da fase sem morrer, ou morrer antes do primeiro *checkpoint* da fase, ganhará um diamante.

  - Esses diamantes são importantes porque habilitam o final secreto na fase *The Great Hall* (O grande salão). As caixas podem conter vários itens úteis, como frutas Wumpa, moedas de bônus – que são do Dr. Neo Cortex (existem apenas duas e servem para abrir as fases secretas), do Dr. Nitrus Brio e da Tawna –, moedas de Crash e Máscaras de Aku Aku.

  - O enredo da história consiste em um experimento que deu errado, pois Crash deveria se tornar mau, mas isso não ocorre e ele consegue fugir, deixando para trás sua irmã. Assim, passa o jogo tentando retornar ao castelo e resgatá-la.

- **Nome adaptado**: Circuito aventura motora.

- **Objetivo**: cumprir todas as etapas do circuito.

- **Faixa etária**: 4 a 5 anos.

Webgames aplicados à educação infantil (pré-escolares de 4 a 5 anos)

- **Recursos materiais**: cadeiras, carteiras, blocos de plásticos, varal, bexigas.

- **Duração**: circuitos de 5 minutos cada.

- **Desenvolvimento**:
  - Nesse jogo serão utilizados obstáculos, visando à coordenação motora das crianças. Serão utilizadas cadeiras para que as crianças passem por cima. Pode-se acrescentar no circuito uma linha de barbante no chão, sendo necessário passar devagar e apenas seguindo a linha, pisando em cima.

  - Em alguns momentos, as mesas serão colocadas para elas passarem por baixo, fazendo-as agachar. Também pode ser acrescentado no circuito um varal com algumas bexigas penduradas, com bilhetes dentro, para serem estouradas e as crianças poderem treinar a leitura, a fala e o que significa o desenho. O local a ser realizado pode ser um pátio, quadra ou um espaço amplo.

- **Variações e adaptações**:
  - Pode ser realizado colocando-se algumas bolinhas para serem pegas ao longo do caminho, representando as maçãs que Crash pegaria no jogo.

  - Pode ser estipulado um tempo para a realização de todo o circuito, bem como estabelecer-se a meta de conseguir estourar o maior número de bexigas e pegar as mensagens. Caso esse circuito seja realizado com crianças maiores, as mensagens podem ser perguntas sobre algum tema dado em aula ou charadas a serem solucionadas.

Figura 2.3 – Circuito aventura motora.

Referências

Click jogos. *Caminho dos bichos*. Disponível em: <http://clickjogos.uol.com.br/jogos/caminho-dos-bichos/>. Acesso em: 11 de out. de 2013.

Click jogos. *Tetris*. 2013. Disponível em: <http://clickjogos.uol.com.br/jogos/tetro-mania/> Acesso em: 08 de out. 2013.

Click jogos. *Crash*. Disponível em: <http://clickjogos.uol.com.br/Jogos-online/Acao-e-Aventura/Crash-Bandicoot/>. Acesso em: 10 de out. 2013.

Goulart, Y. B. *Piaget*: experiências básicas para utilização pelo professor. 25. ed. Petrópolis: Vozes, 2009.

Hoffmann, J. M. L. *Avaliar*: respeitar primeiro, educar depois. 2. ed. Porto Alegre: Mediação, 2010.

Kishimoto, T. M. Brinquedos e brincadeiras na educação infantil. In: Seminário Nacional do Currículo em Movimento – Perspectivas Atuais,1., 2010, Belo Horizonte. *Anais...* Belo Horizonte: Universidade Federal de Minas Gerais, 2010. v. 1, p. 1-20.

Piaget, Jean. *A construção do real na criança*. Rio de Janeiro: Zahar, 1975.

Silva, T. Z. Avaliação na educação infantil: um breve olhar na avaliação da aprendizagem. *Revista Thema*, Pelotas, v. 9, n. 2, p. 1-14, 2012.

Vieira, M. S. Por uma educação física com sabor: possibilidades e desafios no ensino infantil. In: Congresso Brasileiro de Ciências do Esporte,15., e Congresso Internacional de Ciências do Esporte, 2., 2007, Recife, *Anais...* Recife: CBCE, 2007. p. 1-8.

3 Webgames aplicados ao ensino fundamental (6 a 14 anos)

Juliana de Paula Figueiredo

No dia 6 de fevereiro de 2006, foi sancionada a Lei nº 11.274, que regulamentou o ensino fundamental de 9 anos, com início aos 6 anos e término previsto aos 14 anos. Com essa nova lei, assegurou-se às crianças maior tempo de convívio escolar e mais oportunidades de aprendizagem, pois parte-se da premissa da obrigatoriedade em matricular na escola as crianças com 6 anos. Conforme exposto na lei, destacam-se alguns elementos importantes vinculados à educação nesse ciclo de aprendizagem, como a construção de atitudes e valores, a compreensão do ambiente natural e do social, e, inclusive, aspectos referentes à tecnologia.

Para que as aulas se tornem dinâmicas e atrativas aos alunos, e para que os pressupostos apresentados na lei sejam atingidos, o contexto escolar necessita, cada vez mais, de diversificação dos conteúdos. Uma dessas possibilidades versa sobre os jogos virtuais, os quais estão amplamente inseridos no cotidiano dos alunos, pois, desde pequenos, estes já têm contato com celulares, *tablets*, computadores, jogos *on-line*, entre outros.

Nessa perspectiva, alguns jogos virtuais do contexto das crianças podem ser adaptados ao ambiente físico para promover o processo ensino-aprendizagem. Além disso, os professores devem trabalhar temáticas diferenciadas, procurando inserir em seu conteúdo programático atividades que trabalhem a iniciação esportiva, atitudes, valores, cooperação, entre inúmeros outros aspectos, apropriando-se do meio tecnológico como um aliado às suas aulas.

De acordo com Lévy (1996), não se deve considerar o contexto virtual como substituto do ambiente real, mas, sim, como uma possibilidade de inovação que amplia as alternativas do movimentar-se. Nessa mesma perspectiva, Feres Neto (2001) expõe que as atividades a serem apropriadas do ambiente virtual representam uma ferramenta adicional de apoio para atingir os objetivos propostos. Dessa maneira, torna-se necessário enfatizar que, ao utilizar os elementos virtuais, não se pretende torná-los exclusividade nas aulas, mas oportunizar novas propostas de diversificação de atividades para auxiliar o professor a atingir os conteúdos programados.

Leite (2011) vai além, afirmando que os recursos tecnológicos devem ser abordados no contexto escolar, não apenas para tornar a aula mais interessante e chamar a atenção dos alunos. Conforme a autora, esses recursos devem ser inseridos no intuito de possibilitar uma análise crítica de sua utilização no cotidiano dos alunos e no mundo atual, colaborar para a transformação social e para a renovação do processo educativo, de modo a possibilitar a construção participativa e crítica do conhecimento e, ainda, contribuir para a formação de cidadãos permeada por valores socialmente positivos. Nesse sentido, é fundamental que o professor esteja preparado para trabalhar a tecnologia de forma diversificada e criativa.

Para a realização das atividades do contexto do lazer é necessário que o ser humano tenha acesso ao aprendizado de maneira ampla desde a infância, e, ao se focalizar o processo de formação dos alunos do ensino fundamental, é imprescindível desenvolver diferentes estímulos.

Deve-se, também, contemplar os seis temas transversais, a saber: ética, saúde, meio ambiente, orientação sexual, pluralidade cultural, trabalho e consumo (Brasil, 1998), procurando despertar o espírito crítico e criativo, ou seja, a educação para o lazer (Marcellino, 2002).

Além disso, trata-se de uma oportunidade de incentivar os alunos a refletirem sobre o ambiente virtual e sua influência no cotidiano, criando um clima favorável à reflexão e, até mesmo, à criação, trabalhando valores e conhecimentos diversificados, promovendo uma educação significativa, contribuindo, portanto, na educação dessas crianças para o lazer (Marcellino, 1987; 2002) .

Os *webgames* com o corpo, ou seja, os jogos virtuais transpostos para o ambiente físico, representam um instrumento permeado por emoção, motivação e criatividade, conforme apontam Schwartz et al. (2013). Os autores ressaltam que o fato de os envolvidos – neste caso, os alunos – poderem colaborar na etapa de adaptação do jogo pode favorecer maior motivação para participar na atividade e colaborar para o desenvolvimento da criatividade e do processo educativo, corroborando as discussões de Marcellino (1987).

Nesse sentido, torna-se importante que os professores estejam atentos às atualidades e aos jogos que os alunos gostam, a fim de os adaptarem para o ambiente físico da escola e contribuírem para o processo educativo significativo.

A seguir, são apresentados três *webgames* adaptados para serem aplicados no contexto escolar, destinados às crianças na faixa etária de 6 a 14 anos, explorando conhecimentos acerca da iniciação esportiva, saúde, meio ambiente, dentre outros.

3.1 Descrição dos jogos e adaptações

3.1.1 Futebol de botão humano

- **Nome do jogo original**: *Glow Hockey*.

- **Fonte**: <http://www.baixaki.com.br/jogos-online/glow-hockey.htm>.

- **Descrição do jogo**: o jogo original tem por objetivo rebater um pequeno disco e mandá-lo na direção do gol adversário, possuindo diferentes níveis de dificuldade.

- **Nome adaptado**: Futebol de botão humano.

- **Objetivo**: trabalhar a iniciação esportiva, em especial os fundamentos de passe no futebol.

- **Faixa etária**: 6 a 14 anos.

- **Recursos materiais**: 2 bolas de futebol e 14 coletes de duas cores diferentes para dividir as equipes.

- **Duração**: 20 minutos.

- **Desenvolvimento**: posicionam-se 6 alunos em cada lateral da quadra, sendo 3 de uma equipe e 3 da outra, os quais deverão estar identificados com os coletes e dispostos alternadamente. Os goleiros também deverão estar posicionados na grande área. Depois de posicionados, inicia-se a partida, de forma que os jogadores devem trocar passes entre si, com o objetivo de marcar gol. Durante a partida, o professor pode inserir mais uma bola para tornar o jogo mais dinâmico. Vence a equipe que marcar 10 gols primeiro.

- **Variações e adaptações**: os passes também poderão ser realizados apenas com a cabeça, de maneira que os jogadores se posicionem atrás da linha da quadra, e devem fazer que a bola atravesse a linha do adversário para pontuar. Outra possibilidade de variação é trocar o goleiro de posição com o jogador que fez o gol, bem como trocar os jogadores de posições entre si, contribuindo para a cooperação e possibilitando que os alunos vivenciem as diferentes posições em quadra. Pode-se, ainda, aumentar o número de jogadores em cada equipe, a fim de desenvolver o jogo com todos os alunos da classe ao mesmo tempo.

Webgames aplicados ao ensino fundamental (6 a 14 anos)

Figura 3.1 – Futebol de botão humano.

3.1.2 Olimpus

- **Nome do jogo original**: *Candy Crush*.

- **Fonte**: <http://clickjogosclick.com/jogos-de-candy-crush.html>.

- **Descrição do jogo**: este jogo de raciocínio tem como objetivo retirar os doces do tabuleiro, movimentando as peças, para formar, no mínimo, três combinações de figuras idênticas de guloseimas. Após passar por essa fase, os desafios vão se tornando cada vez mais difíceis, contendo obstáculos no tabuleiro para impedir a movimentação das peças. É importante ficar atento aos objetivos e missões de cada fase.

- **Nome adaptado**: Olimpus.

- **Objetivo**: desenvolver a estratégia e conhecimentos sobre os jogos olímpicos.

- **Faixa etária**: 8 a 14 anos.

- **Recursos materiais**: 76 figuras 20 x 20 cm, representando quatro esportes olímpicos (portanto, 19 figuras de cada esporte escolhido) e fita adesiva (ou giz) para fazer o tabuleiro no chão.

- **Duração**: 20 minutos.

- **Desenvolvimento**:
  - Inicialmente, o professor deverá fazer o tabuleiro no formato de 6 linhas por 6 colunas, resultando em 36 casas. Em seguida, deverá dispor as figuras aleatoriamente, preenchendo as casas. Cada equipe receberá 20 figuras para substituição após sua respectiva jogada.

  - Os jogadores deverão formar trios de figuras iguais; para isso, poderão trocar de posições as figuras que estiverem no tabuleiro, nos sentidos vertical e horizontal. As equipes deverão tirar par ou ímpar para iniciar. Cada equipe deverá escolher um integrante por vez para realizar a jogada, de forma que todos participem.

  - A equipe adversária deverá contar 5 segundos para a realização da jogada e, em seguida, 5 segundos para a equipe realizar a reposição das figuras, as quais estarão nas mãos de cada equipe. Logo após, é a vez da outra equipe realizar a jogada e fazer a substituição. As jogadas devem ser realizadas até finalizar as figuras de substituição. Ao final, vence a equipe que tiver o maior número de trios formados.

- **Variações e adaptações**: a marcação de tempo e a substituição de figuras poderão ser realizadas pelo próprio professor. Pode-se dar a possibilidade de formar quartetos, desde que exista uma figura igual, próxima ao trio formado. O professor pode limitar a formação de apenas um trio ou quarteto por jogada ou deixar em aberto, de forma que a equipe poderá formar mais que um trio ou quarteto, durante 10 segundos. Cada grupo de figuras poderá ter uma pontuação específica, que influenciará no resultado final.

Webgames aplicados ao ensino fundamental (6 a 14 anos)

Figura 3.2 – Olimpus.

3.1.3 Todos contra a dengue

- **Nome do jogo original**: *Dengue Ville*.

- **Fonte**: <http://www.ecodesenvolvimento.org/noticias/dengue-ville-brincando-de-acabar-com-uma-doenca/>.

- **Descrição do jogo**: o jogo convida os indivíduos a entrarem na luta contra a dengue, apresentando situações que podem aumentar os focos de procriação do mosquito da dengue em casas e bairros. O objetivo é eliminar os focos de proliferação do agente transmissor, o mosquito *Aedes aegypti*, estimulando a atuação de todos nesse desafio da saúde pública e apresentando importantes dicas escondidas atrás de cada árvore.

- **Nome adaptado**: Todos contra a dengue.

- **Objetivo**: desenvolver conhecimentos referentes à saúde pública e ao meio ambiente.

- **Faixa etária**: 6 a 10 anos.

- **Recursos materiais**: fantasia para os mosquitos da dengue (que pode ser construída com TNT preto e cartolina para fazer o bico), objetos que comumente acumulam água, como pote de flor, pneu, balde, vidro (simulado ou adaptado), lata de refrigerante vazia (entre outros objetos que sejam de fácil acesso para o professor), bexigas com água, suficientes para todos os alunos, e balde.

- **Duração**: 30 minutos.

- **Desenvolvimento**:
  - Inicialmente, o professor deverá espalhar os objetos com água pelo espaço, o qual, preferencialmente, deverá ser ao ar livre, como o pátio escolar. O professor precisará contar com a ajuda de algum aluno ou outra pessoa para representar o mosquito da dengue.

  - Na sequência, o professor deverá informar aos alunos que eles terão uma missão muito especial: limpar o espaço do pátio, recolhendo os objetos com água parada para evitar a criação do mosquito da dengue, uma vez que os alunos já tenham sido informados sobre a existência de alguns mosquitos.

  - Sendo assim, se os alunos virem o mosquito da dengue, deverão unir-se e gritar: "Xô, mosquito da dengue!". No entanto, os alunos ainda terão como missão encontrar um produto mágico (as bexigas de água), que eliminará o mosquito.

- Dessa forma, o professor deverá conduzir a atividade criando um clima de imaginação e, ao mesmo tempo, trabalhando as informações e as medidas de prevenção para evitar a proliferação do mosquito da dengue. Por fim, quando encontrarem o balde com as bexigas, o mosquito deverá aparecer e as crianças jogarão as bexigas com água nele, simulando sua eliminação, de maneira que o mosquito deverá sair tropeçando, para representar que o produto mágico funcionou.
- **Variações e adaptações**: em vez de bexigas com água, poderão ser utilizadas bolas de borracha.

Figura 3.3 – Todos contra a dengue.

Referências

BAIXAKI. *Glow Hockey*. Disponível em: <http://www.baixaki.com.br/jogos-online/glow-hockey.htm>. Acesso em: 20 set. 2013.

BRASIL. Secretaria de Educação Fundamental. *Parâmetros Curriculares Nacionais*: terceiro e quarto ciclos – apresentação dos temas transversais. Brasília, DF, 1998.

CLICK jogos. *Candy Crush*. Disponível em: <http://clickjogos.uol.com.br/jogos/candy-crush/>. Acesso em: 20 set. 2013.

Eco densenvolvimento. *Dengue Ville*: brincando de acabar com uma doença séria. Disponível em: <http://www.ecodesenvolvimento.org/noticias/dengue-ville-brincando-de-acabar-com-uma-doenca/>. Acesso em: 20 set. 2013.

FERES NETO, A. Videogame e educação física/ciências do esporte: uma abordagem à luz das teorias do virtual. *Lecturas Educación Física y Deportes*, Buenos Aires, ano 10, n. 88, set. 2001. Disponível em: <http://www.efdeportes.com/efd88/video.htm>. Acesso em: 26 set. 2013.

LEITE, L. S. Mídia e a perspectiva da tecnologia educacional no processo pedagógico contemporâneo. In: Freire, W. (Org.). *Tecnologia e educação*: as mídias na prática docente. 2. ed. Rio de Janeiro: Wak, 2011. p. 61-78.

LÉVY, P. *O que é o virtual?* São Paulo: 34, 1996.

MARCELLINO, N. C. *Lazer e educação*. Campinas: Papirus, 1987.

MARCELLINO, N. C. *Estudos do lazer*: uma introdução. 3. ed. Campinas: Autores Associados, 2002.

SCHWARTZ, G. M. et al. Apropriação das tecnologias virtuais como estratégias de intervenção no campo do lazer: os webgames adaptados. *Licere - Revista do programa de pós-graduação interdisciplinar em estudos do lazer/UFMG*, Belo Horizonte, v. 16, n. 3, p. 1-26, set. 2013.

4 Webgames aplicados ao ensino médio (15 a 17 anos)

Giselle Helena Tavares

É inquestionável que, na atualidade, o ambiente virtual está cada vez mais presente na vida do ser humano e, por esse motivo, não se pode negar que os recursos tecnológicos possam ser utilizados em diferentes contextos, inclusive na perspectiva educacional (Darido et al., 2010; Gaspari et al., 2006).

Pelo fato de os jogos virtuais serem atrativos a todas as faixas etárias, esses podem representar uma nova perspectiva de opção de atividades a serem utilizadas em aulas de Educação Física, indo ao encontro das expectativas de crianças, adolescentes e jovens, podendo tornar a aprendizagem mais interativa.

Este capítulo busca apresentar a ideia da adoção de jogos eletrônicos *on-line* adaptados – a saber, os *webgames* com o corpo – pelos profissionais atuantes nas escolas, especialmente no ensino médio, com o intuito de ampliar a gama de opções para se explorar a cultura corporal do movimento na escola. Essa cultura se expressa de diversas formas, dentre as quais destacam-se os jogos, a ginástica, as danças e as atividades rítmicas, as lutas e os esportes, atuando nas perspectivas conceitual (fatos, princípios e conceitos), procedimental (ligados ao fazer) e atitudinal (normas, valores e atitudes).

O panorama atual da Educação Física escolar no ensino médio traz, em alguns estados, estruturações curriculares que auxiliam o professor na seleção dos conteúdos a serem trabalhados (São Paulo, 2008). Um exemplo de organização curricular é a Proposta Curricular do Estado de São Paulo, que propõe o desenvolvimento dos seguintes conteúdos, por ano e bimestre: esporte; corpo, saúde e beleza; ginástica; contemporaneidade; mídias; luta; atividade rítmica; lazer e trabalho. Esses conteúdos devem ser trabalhos nas dimensões procedimental, conceitual e atitudinal, atendendo às demandas e às necessidades da sociedade atual.

O ensino médio é composto por alunos com idade entre 15 e 17 anos. Nessa etapa do ensino, deve ser ressaltada a possibilidade de ampliação do repertório de vivências da cultura corporal do movimento, aliada a discussões de outras dimensões do mundo contemporâneo, gerando conteúdos mais próximos da vida cotidiana dos alunos.

Sendo assim, a Educação Física pode tornar-se mais relevante para eles não só durante o tempo/espaço da escolarização, como também – e, principalmente –, auxiliando-os a compreender o mundo de forma mais crítica, possibilitando-lhes intervir nesse mundo e em suas próprias vidas, com mais recursos e de forma mais autônoma (São Paulo, 2008).

A apropriação do ambiente virtual no âmbito da Educação Física Escolar no ensino médio possui uma relação direta com a perspectiva de motivar a reaproximação dos alunos com práticas corporais regulares, uma vez que eles se afastam das práticas tradicionais, sobretudo, pelo desinteresse nos conteúdos abordados.

Para tanto, torna-se necessário que o profissional atuante nesta área procure refletir e superar os problemas que o impedem de ampliar seu campo de ação, buscando atender às expectativas dos adolescentes na atualidade. Conforme evidencia Schon (2000), o professor reflexivo reflete antes, no decorrer e depois da prática docente, tornando possível a construção significativa do conhecimento envolvido, nesse caso, aliando o interesse dos alunos por tal ambiente em suas intervenções.

Sendo assim, a utilização dos *webgames* com o corpo pode ser atrativa e aumentar a chance de participação desses alunos, favorecendo maior empenho e motivação pela identificação com a proposta, já que os alunos podem criar a própria adaptação sobre determinado jogo, ampliando, inclusive, seu repertório motor e suscitando o potencial criativo (Schwartz et. al., 2013).

Ao referir-se especificamente à faixa etária abordada neste capítulo, é possível perceber que os objetivos e as tendências dos *webgames* com o corpo se adéquam às características desse público.

Segundo a World Health Organization (WHO, 2013), são considerados adolescentes os indivíduos entre 10 e 19 anos. Os adolescentes, hoje, compõem o que se convencionou chamar de Geração Z, que corresponde à idealização e ao nascimento da *World Wide Web* (www), criada em 1990, bem como à evolução de aparelhos e recursos tecnológicos, como internet, *video game*, telefones e MP3 *players*.

Esse público acompanhou diretamente todo o processo da chamada Revolução Tecnológica e, para essa geração, não se sabe se é cultural ou, até mesmo, natural o domínio das ferramentas tecnológicas. Sendo assim, torna-se necessário que o professor potencialize esse domínio e, além disso, trabalhe na educação desse público para a utilização crítica e criativa de tais ferramentas. Caso contrário, a utilização dos aparelhos tecnológicos sem reflexão pode ser um poderoso meio para a alienação de uma sociedade baseada no consumo, além da disseminação de padrões estéticos e de comportamentos carregados por mitos de saúde, desempenho e beleza (Schwartz, 2003).

A adolescência é considerada a etapa de transição entre a infância e a fase adulta, marcada por significativas mudanças e transformações biológicas, psíquicas e sociais. É um período de contradições, ambivalências, turbulências, repleto de paixões, dorido, geralmente caracterizado por conflitos relacionais com o meio familiar e social (Correia, 2009).

Sendo assim, é importante que o professor saiba lidar com esse período instável, pois os componentes da cultura corporal de movimento, nessa fase, podem tanto atuar de maneira extremamente significativa, servindo de referência para o adolescente, como serem tratados com omissão, restringindo a experiência do aluno à passividade consumista.

Entende-se como função social da escola ser um espaço de experiências, em que ampla parcela da população possa ter acesso à prática da cultura corporal de movimento em seus diversos conteúdos (Darido e Rangel, 2005).

A utilização dos *webgames* com o corpo, como possibilidade de ampliar as opções de conteúdos a serem desenvolvidos na escola, pode auxiliar nas discussões que envolvem as tecnologias, de uma forma crítica e criativa. Na tentativa de subsidiar essas discussões, serão apresentadas algumas possibilidades de *webgames* com o corpo para serem aplicados no contexto escolar, destinados aos adolescentes na faixa etária de 15 a 17 anos. Esses jogos buscarão explorar os componentes da cultura corporal do movimento, contextualizando-os com as necessidades da sociedade atual.

4.1 Descrição dos jogos e adaptações

4.1.1 Corrida maluca

- **Nome do jogo original**: *Temple Run*.

- **Fonte**: <http://jogosonlinegratis.uol.com.br/jogoonline/temple-run-2--online-gratis/>.

- **Descrição do jogo**: o *Temple Run* é um jogo *on-line*, que envolve uma corrida com diferentes tipos de obstáculos, na qual um avatar é perseguido por um macaco.

- **Nome adaptado**: Corrida maluca.

- **Objetivo**: o objetivo principal desse jogo será vencer os desafios físicos e cognitivos, com algumas dificuldades.

- **Faixa etária**: 15 a 17 anos.

- **Recursos materiais**: espaço físico da escola.

- **Duração**: 30 minutos.

- **Desenvolvimento**: a corrida maluca será um educativo para a inserção da corrida de aventura na escola, com algumas adaptações. Deverá ser explorado todo o espaço disponível na escola. Inicialmente, os alunos serão divididos em trios. O professor organizará diferentes trajetos, colocando neles desafios físicos e cognitivos. Os trios terão um tempo total de 30 minutos para percorrer o trajeto e resolver os desafios encontrados. Vence o trio que conseguir finalizar primeiro seu trajeto ou aquele que avançar mais durante o tempo de 30 minutos. O trio somente poderá continuar a corrida quando finalizar o desafio proposto. Para dificultar a realização das atividades, os trios deverão realizar todo o percurso com as mãos amarradas às do colega. Os desafios físicos poderão ser: saltar sobre bancadas, passar por baixo de mesas, descer rampas sentados, escalar pequenos muros, entre outros. Os desafios cognitivos poderão ser: charadas, desafios matemáticos, adivinhações, enigmas, entre outros.

- **Variações e adaptações**: poderão ser variados os tipos de dificuldades impostas para os trios na realização da corrida.

Figura 4.1 – Corrida maluca.

4.1.2 Salve-se quem puder

- **Nome do jogo original**: *Counter-Strike*.

- **Fonte**: <http://mrjogos.uol.com.br/jogo/counter-strike-online.jsp>.

- **Descrição do jogo**: o *Counter-Strike* é um jogo *on-line* que tem como objetivo principal eliminar todos os inimigos que aparecerem na tela, antes que eles atinjam o jogador.

- **Nome adaptado**: Salve-se quem puder.

- **Objetivo**: o objetivo principal será construir uma estratégia coletiva para que o grupo consiga chegar ao lado oposto de onde iniciaram o jogo.

- **Faixa etária**: 15 a 17 anos.

- **Recursos materiais**: objetos para obstáculos, como mesas, cadeiras, painéis, bancadas, muros, ou outras barreiras; balões; água.

- **Duração**: 20 a 30 minutos.

- **Desenvolvimento**:
  - Para a realização do jogo Salve-se quem puder, deve-se utilizar diversos tipos de obstáculos encontrados na escola, como mesas, cadeiras, painéis, bancadas, muros, entre outros. Será necessário restringir o espaço para que o jogo aconteça.

  - Os alunos serão divididos em dois grupos, e terão à disposição balões e água. Os grupos deverão, estrategicamente, conseguir chegar ao lado oposto de onde iniciaram o jogo, sem serem atingidos pelo adversário. Vence a equipe que chegar ao lado oposto primeiro e sem ser atingida pelo grupo adversário, ou com menos marcas de água.

- Após o jogo, deverá ser feita uma reflexão sobre as estratégias utilizadas para se alcançar o objetivo do jogo (deixar clara a explicação do objetivo do jogo, que é superar os obstáculos para chegar ao lado oposto, não tendo que, necessariamente, atrapalhar o adversário para que isso seja feito).

- **Variações e adaptações:** se a atividade for realizada como atividade extracurricular, ou em um espaço em que o uso de tintas não comprometa o ambiente, sugere-se a utilização de tintas ou corantes para atrapalhar o adversário.

Figura 4.2 – Salve-se quem puder.

4.1.3 Mistério

- **Nome do jogo original**: *Criminal Case*.

- **Fonte**: <https://apps.facebook.com/criminalcase/>.

- **Descrição do jogo**: o jogo *Criminal Case* é um aplicativo do Facebook que consiste em investigar uma série de assassinatos, procurando pistas nas cenas de crimes, buscando testemunhas e suspeitos e analisando as evidências para solucionar os casos.

- **Nome adaptado**: Mistério.

- **Objetivo**: o objetivo principal desse jogo é desvendar o mistério existente.

- **Faixa etária**: 15 a 17 anos.

- **Recursos materiais**: tabuleiro gigante cíclico, com 30 casas (poderá ser feito de giz ou com papel) e dados.

- **Duração**: 40 a 50 minutos.

- **Desenvolvimento**:
  - A turma será dividida em dois grupos (grupo 1 e grupo 2). O professor deverá solicitar previamente que os alunos construam uma história que envolva um mistério na escola (poderá ser o sumiço de um professor ou de algum material). Cada grupo terá 20 minutos para montar um enredo ou história envolvendo esse mistério. O mistério deve envolver um local da escola, uma causa/um motivo e um personagem que protagoniza o caso.

  - Deverão ser disponibilizados alguns materiais para os grupos montarem as cenas, e, além disso, alguns alunos devem compor a cena como personagens. Os grupos deverão elaborar um total de 10 pistas.

  - O desenvolvimento do jogo consiste em coletar pistas nas cenas para solucionar o mistério (local, causa/motivo, protagonista). A coleta de pistas acontecerá em forma de jogo de tabuleiro, em que os grupos jogarão os dados alternadamente.

Webgames aplicados ao ensino médio (15 a 17 anos)

- Para que um jogador consiga ganhar a pista do mistério, seu grupo deverá resolver uma tarefa proposta pelo grupo adversário. Essas tarefas serão preestabelecidas pelo grupo, e já estarão colocadas nas casas do tabuleiro. Serão provas rápidas de, no máximo, 2 minutos de duração, que envolvam todo o grupo ou somente um representante. Vence a equipe que coletivamente resolver o mistério primeiro.

- **Variações e adaptações**: uma possível adaptação seria discutir algum caso que realmente aconteceu na escola ou o professor levar algumas sugestões de notícias publicadas na mídia, como aspecto a ser refletido pelo grupo, colocando à disposição para que os alunos elaborem as cenas.

Figura 4.3 – Mistério.

Referências

CORREIA, W. R. Educação física no ensino médio: subsídios para um projeto crítico e inovador. *Motriz: Revista de Educação Física - UNESP*, Rio Claro, v. 15, n. 3, p. 740, 2009.

DARIDO, S. C.; RANGEL, I. C. A. (Org.). *Educação Física na escola*: implicações para a prática pedagógica. 3. ed. Rio de Janeiro: Guanabara Koogan, 2005. v. 1. 293p.

DARIDO, S. C. et al. Livro didático na Educação Física escolar: considerações iniciais. *Motriz: Revista de Educação Física - UNESP*, Rio Claro, v. 16, n. 2, p. 450-7, 2010.

GASPARI, T. C. et al. A realidade dos professores de Educação Física na escola: suas dificuldades e sugestões. *Revista Mineira de Educação Física*, Viçosa, v. 14, p. 109-37, 2006.

PRETTY SIMPLE SA. *Criminal Case*. Disponível em: <http//apps.facebook.com/criminalcase/>. Acesso em: 30 out. 2013.

Jogos Online Grátis. *Temple Run*. 2013. Disponível em: <http://jogosonlinegratis.uol.com.br/jogoonline/temple-run-2-online-gratis/>. Acesso em: 30 out. 2013.

MR Jogos. *Counter-Strike*. 2011. Disponível em: <http://mrjogos.uol.com.br/jogo/counter-strike-online.jsp>. Acesso em: 30 out. 2013.

SÃO PAULO (Estado). Secretaria da Educação. *Proposta curricular do estado de São Paulo*: educação física – ensino fundamental ciclo II e ensino médio. São Paulo: SEE, 2008.

SCHON, D. *Educando o profissional reflexivo*: um novo design para o ensino e a aprendizagem. Porto Alegre: Artmed, 2000.

SCHWARTZ, G. M. O conteúdo virtual do lazer: contemporizando Dumazedier. *Licere - Revista do programa de pós-graduação interdisciplinar e Estudos do lazer/ UFMG*, Belo Horizonte, v. 6, n. 2, p. 23-31, 2003.

SCHWARTZ, G. M. et al. Apropriação das tecnologias virtuais como estratégias de intervenção no campo do lazer: os webgames adaptados. *Licere - Revista do programa de pós-graduação interdisciplinar e Estudos do lazer/UFMG*, Belo Horizonte, v. 16, n. 3, p. 1-26, set. 2013.

WORLD HEALTH ORGANIZATION (WHO). *Adolescent health*. Disponível em: < http://www.who.int/topics/adolescent_health/en/>. Acesso em: 29 dez. 2013

5 Webgames aplicados no recreio escolar

Tiago Aquino da Costa e Silva (Paçoca)

É por meio do brincar que as crianças ampliam seus conhecimentos sobre si, sobre os outros e sobre o mundo que está ao seu redor. Além disso, elas desenvolvem as múltiplas linguagens; exploram e manipulam objetos; organizam seus pensamentos; agem com as regras; assumem papel de líderes e se socializam, preparando-se para um mundo socializado e interativo (Silva e Gonçalves, 2010).

O ato de brincar, ainda que seja um comportamento natural da espécie humana, muitas vezes acontece, apenas, em determinados momentos do cotidiano infantil, como no recreio escolar, por exemplo. Partindo da ideia de que o brincar é uma necessidade para a criança, constata-se que o tempo despendido com ele vem se tornando cada vez mais escasso, dentro e fora da escola, o que pode trazer consequências ainda incalculáveis (Friedmann, 2006).

O brincar na escola pode ser representado por meio da reflexão do lazer educativo, em que existem possibilidades de se aprender e de se exercitar de maneira equilibrada, pela participação social e lúdica. Esse processo se chama educação não formal, na qual o objetivo é mostrar que o exercício de atividades voluntárias, desinteressadas, prazerosas e livres pode ser o momento para uma abertura a uma vida cultural intensa, diversificada e equilibrada (Camargo, 2008).

A aplicação de atividades lúdicas no espaço escolar, em especial no recreio, deve respeitar a livre adesão por parte dos alunos, a fim de não transformar esse momento rico em potencialidades em algo entediante, indesejado, pois é justamente a ausência de rigidez seu elemento diferencial quando comparado à maioria das aulas formais (Carvalho e Papaléo, 2010).

Para o desenvolvimento integral das crianças por meio do componente lúdico da cultura infantil nas escolas, faz-se importante a exploração do recreio escolar como espaço de ludicidade. Neuenfeld (2003) salienta que o recreio escolar faz parte da vida de todos os estudantes, sendo, portanto, um aspecto importante e significativo a ser explorado, no sentido do desenvolvimento.

A realização de atividades lúdicas no recreio escolar deve, se possível, enfatizar mais as vivências grupais do que as individuais, ratificando, assim, que o ser humano é um ser social, cooperativo, e não exclusivamente competitivo. Como valores a desenvolver, deve ser proposta a ampliação do potencial das atitudes de auxílio mútuo e solidárias, diante da ênfase ao individualismo típico do entretenimento (Waichman, 1997).

Para tal intervenção lúdica no espaço escolar, é essencial a presença de um animador sociocultural, de forma que este facilite o acesso ao brincar de maneira segura e pedagógica, com caráter de diversão. Deve-se garantir a diversidade das atividades propostas e, assim, as crianças de várias idades, de maneira livre e espontânea e de acordo com os seus desejos, poderão optar por participar ou não das brincadeiras sugeridas.

Uma das possibilidades de brincar no recreio escolar é por meio das vivências dos *webgames* com o corpo, os quais aproximam os jogos *on-line* e virtuais para uma prática corporal real.

5.1 Descrição dos jogos e adaptações

5.1.1 O desafio do Genius

- **Nome do jogo original**: *Game Genius*.

- **Fonte**: <http://digitalgames.com.br/jogar-online/genius>.

- **Descrição do jogo**: no *Game Genius* o jogador deve memorizar uma sequência de sinais que aparece na roda, indicando-os exatamente como apareceram.

- **Nome adaptado**: O desafio do Genius.

- **Objetivo**: o jogo tem por objetivo estimular a memória das ações feitas pelos jogadores-teclas. O jogador central deverá repetir corretamente a sequência de sinais dos jogadores-teclas.

- **Faixa etária**: a partir de 7 anos.

- **Recursos materiais**: nenhum.

- **Duração**: 20 minutos.

- **Desenvolvimento**:
  - Os alunos serão divididos em grupos de cinco jogadores. Cada grupo deverá se organizar de forma que um jogador estará em uma posição central na roda, em relação aos demais jogadores. Os jogadores que representam a roda estarão dispostos da seguinte forma: um na frente do jogador central; outro, atrás; outro, ao lado direito; e o último, ao lado esquerdo. Cada jogador lateral representará uma tecla colorida do jogo – azul, amarela, vermelha e verde.

- Para dar início, o jogador central tocará em qualquer jogador-tecla. O jogo começou! Um dos jogadores-tecla levantará o braço, com o objetivo de iniciar a sequência de ações para o jogador-central memorizar e, em seguida, o jogador-central o tocará, iniciando a sequência.

- Os jogadores-tecla repetirão o mesmo sinal e, em seguida, acrescentarão mais uma ação. O jogador-central tocará nos jogadores-tecla, os quais ordenaram a ação. Os jogadores-tecla repetirão os dois primeiros sinais e, na mesma sequência, aumentarão mais um e, assim, sucessivamente. Se o jogador central não repetir corretamente alguma sequência ou demorar mais do que 10 segundos para repetir um sinal, ele perderá o jogo e a sequência de sinais acabará.

- Os jogadores do grupo farão um rodízio, a fim de que todos os jogadores passem pela ação central do jogo. O jogo acontecerá até quando houver motivação por parte dos jogadores.

- **Variações e adaptações**: cada jogador-tecla poderá estar de posse de um cartão colorido e o jogador central memorizará a sequência de cores.

Figura 5.1 – O desafio do Genius.

5.1.2 Splash

- **Nome do jogo original**: *Battleships General Quarters*.

- **Fonte**: <http://clickjogos.uol.com.br/Jogos-online/Acao-e-Aventura/Batalha-Naval/>.

- **Descrição do jogo**: o *Battleships General Quarters* é um jogo de combate entre dois jogadores, que deverão acertar o posicionamento das embarcações adversárias.

- **Nome adaptado**: *Splash*.

- **Objetivo**: Splash é um jogo de combate entre duas equipes, em que os jogadores têm de adivinhar em que casas estão os navios do oponente. O objetivo do jogo é derrubar primeiro todas as embarcações do time adversário, traçando estratégias em grupo para opinar.

- **Faixa etária**: a partir de 6 anos.

- **Recursos materiais**: bambolês, folhas de papel, lápis e prancheta.

- **Duração**: de 10 a 20 minutos.

- **Desenvolvimento**:
  - O espaço de jogo será representado por grelhas. As grelhas são esquematizadas pelos bambolês ao chão, sendo identificadas por números na horizontal e por letras na vertical. Cada equipe colocará os seus navios nos respectivos bambolês e registrará os tiros da equipe oponente.

  - Antes do início do jogo, cada equipe anotará numa folha os bambolês respectivos às suas embarcações, alinhados horizontalmente ou verticalmente. As equipes não devem revelar ao oponente as localizações de seus navios.

- O número de navios permitido é igual para ambas as equipes e os navios não podem se sobrepor. Cada equipe terá um hidroavião, um submarino, um cruzador e um porta-aviões, totalizando, assim, quatro embarcações. O hidroavião e o porta-aviões equivalem a dois bambolês, e o submarino e o cruzador equivalem a um bambolê.

- A primeira equipe a jogar dará as coordenadas de seu tiro, fornecendo o número e a letra equivalentes aos bambolês que atirou. A outra equipe responderá se o local do tiro for Água (quando a casa estiver vazia), Fogo (quando acertar uma parte do navio) ou Afundou (quando acertar o navio inteiro ou todas as suas respectivas partes). Quando atirar e for Água, a equipe demarcará a casa com um cone amarelo e, caso tenha acertado parte ou o navio inteiro, deverá posicionar um cone vermelho.

- Após cada um dos tiros, o oponente avisará se acertou e, nesse caso, qual embarcação foi atingida. Se ela for afundada, esse fato também deverá ser informado. O jogo é finalizado quando uma das equipes afundar as embarcações do time adversário.

- **Variações e adaptações**: os grupos de jogadores podem ser divididos em quatro equipes e jogarão na mesma grelha, aumentando, assim, a interatividade e o dinamismo do jogo.

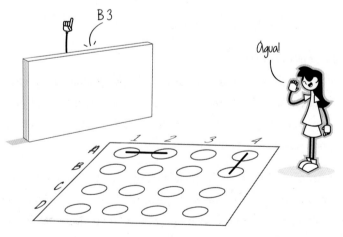

Figura 5.2 – *Splash*.

5.1.3 Tennis Grand Hand

- **Nome do jogo original**: *Tennis Grand Slam*.

- **Fonte**: <http://clickjogos.uol.com.br/Jogos-online/Esportes/Tennis-
  -Grand-Slam/>.

- **Descrição do jogo**: o jogo simula uma partida de tênis, na qual os dois
  jogadores buscam marcar pontos.

- **Nome adaptado**: *Tennis Grand Hand*.

- **Objetivo**: é um jogo de tênis, jogado de forma individual ou em duplas,
  sendo que a rebatida acontece pela palma da mão.

- **Faixa etária**: a partir de 6 anos.

- **Recursos materiais**: giz de lousa branco, rede e bola de borracha.

- **Duração**: de 10 a 20 minutos.

- **Desenvolvimento**:
  - O *Tennis Grand Hand* é um jogo semelhante ao jogo de tênis. Para
    iniciá-lo, deve-se traçar uma miniquadra de tênis no espaço do recreio
    escolar com um giz de lousa branco.

  - O jogo poderá acontecer de forma individual ou em duplas, se possível,
    mesclando os alunos das diferentes idades e séries. A quadra é dividida
    por uma rede, e o objetivo do jogo é rebater uma pequena bola de bor-
    racha com a palma das mãos para o lado do adversário.

  - Para marcar um ponto, é preciso que a bola toque no solo em qualquer
    parte dentro da quadra adversária, fazendo que o adversário não consiga
    devolver a bola antes do segundo toque, ou que a devolva para fora dos

limites da quadra do oponente. O *game* é finalizado quando uma equipe alcançar 7 pontos primeiro.

• A bola somente poderá ser rebatida para a quadra adversária com a palma das mãos e com o movimento na ascendente (de baixo para cima). Para realizar o saque, o jogador-sacador deve posicionar-se atrás da linha de saque. Se ele pisar na linha antes de entrar em contato com a bola, tal atitude será considerada uma falta.

• **Variações e adaptações**: o jogo poderá acontecer com o uso de acessórios esportivos, como a raquete de frescobol, por exemplo.

Figura 5.3 – *Tennis Grand Hand.*

Referências

CAMARGO, L. O. L. *O que é lazer*. São Paulo: Brasiliense, 2008.

CARVALHO, E. B.; PAPALÉO, A. L. Recreios ativos através do resgate das brincadeiras infantis. In: BOCCALETTO, E. M. A.; MENDES, R. T.; VILARTA, R. (Org.). *Estratégias de promoção da saúde do escolar*: atividade física e alimentação saudável. Campinas: Ipes Editorial, 2010. p. 61-70.

CLICK JOGOS. *Battleships General Quarters*. Disponível em: <http://clickjogos.uol.com.br/Jogos-online/Acao-e-Aventura/Batalha-Naval/>. Acesso em: 28 set. 2013.

CLICK JOGOS. *Tennis Grand Slam*. Disponível em: <http://clickjogos.uol.com.br/Jogos-online/Acao-e-Aventura/Batalha-Naval/>. Acesso em: 29 set. 2013.

DIGITAL GAMES. *Game Genius*. Disponível em: <http://digitalgames.com.br/jogar-online/genius/>. Acesso em: 29 set. 2013.

FRIEDMANN, A. *O desenvolvimento da criança através do brincar*. São Paulo: Moderna, 2006.

NEUENFELD, D. J. Recreio escolar: o que acontece longe dos olhos dos professores? *Revista da Educação Física / UEM*, Maringá, v. 14, n. 1, p. 37-45, 2003.

SILVA, T. A. C.; GONÇALVES, K. G. F. *Manual de lazer e recreação*: o mundo lúdico ao alcance de todos. São Paulo: Phorte, 2010.

WAICHMAN, P. *Tempo livre e recreação*. Campinas: Papirus, 1997.

Parte 3: Webgames com o corpo em diferentes ambientes — Lazer

6 Webgames aplicados em hotéis e acampamentos de turismo

Priscila Raquel Tedesco da Costa Trevisan

Leandro Jacobassi

Atualmente, o setor hoteleiro representa uma indústria de prestação de serviços organizada com a finalidade de atrair clientes de diferentes faixas etárias, das diversas esferas sociais, atendendo a diferentes propósitos. Tachizawa, Pozo e Vicente (2013) destacam que, entre os principais focos da rede hoteleira, estão o turismo de negócios, as viagens de férias, o lazer para familiares e amigos, a hospedagem de participantes de congressos, os esportes, os jogos, as festas, o uso da internet, a contemplação de recursos e paisagens naturais disponíveis, a pesca, os passeios de barco, entre outras possibilidades de vivência na natureza, além de espaços como *playgrounds*, parques aquáticos, quadras poliesportivas, danceterias, salões de jogos, e locais para massagens e repouso.

Nesse contexto amplo, estar em sintonia com os interesses, expectativas e anseios de um público diversificado pode se tornar um atrativo e um diferencial, visando conquistar novos hóspedes e fidelizar clientes.

Dessa forma, a qualidade dos serviços oferecidos, a hospitalidade e a oferta de atividades diversificadas e inovadoras, que promovam o prazer, o divertimento e a possibilidade de descanso e desenvolvimento pessoal, representam aspectos importantes nesses empreendimentos. Além disso, são igualmente importantes os aspectos envolvendo a manutenção de um ambiente que preze por conforto, segurança, alimentação adequada, contemplando, inclusive, as expectativas atuais de indivíduos de todas as idades, por acesso a recursos e aparatos tecnológicos.

As tecnologias, sobretudo as relativas à informação pela internet, são, para a hotelaria, um mecanismo que favorece a eficiência de seus serviços, e não só no que tange à organização e à divulgação de ofertas e novidades, facilitação de transações, vendas e negociações. Algumas dessas tecnologias atuam, inclusive, na diminuição de custo operacional, podendo transformar-se em uma vantagem competitiva (Tachizawa, Pozo e Vicente, 2013).

Esses autores salientam que a indústria hoteleira sofreu uma significativa transformação com o advento da internet, haja vista que esse recurso propicia e facilita a implementação de novas possibilidades. Contudo, para além dos aspectos formais de utilização da internet, como recurso para o trabalho, no caso, de qualificação da hotelaria, essa rede pode também ampliar as possibilidades de vivências no campo do lazer.

Dessa forma, pode-se entender que os aparatos tecnológicos, sobretudo a internet, podem também ser concebidos como ferramentas em prol do aumento e da diversificação das atividades de cunho recreativo. Dentre os representantes desse conceito estão os jogos virtuais, os quais atraem a atenção e o interesse de públicos de idades diferentes (Plowman e Stevenson, 2012; Santiago, 2011; Queiroz e Souza, 2009). Além disso, essa nova modalidade de jogos pode promover, até mesmo, a interatividade entre jogadores por meio da virtualidade, ao serem inseridos no contexto da recreação hoteleira.

Para Costa, Tahara e Carnicelli Filho (2011), a recreação em hotéis é uma área específica do lazer e uma alternativa para a promoção de experiências divertidas e participativas, vivenciadas no tempo disponível, de maneira prazerosa e significativa. Em hotéis, as manifestações recreativas e lúdicas surgiram em meados da década de 1960, nos Estados Unidos, e, desde então, a indústria do lazer vem crescendo e envolvendo um número cada vez mais elevado de adeptos, tornando-se, inclusive, um diferencial atrativo para esses empreendimentos.

Tendo em vista que os jogos *on-line* atraem pessoas de todas as faixas etárias e que já possuem uma visibilidade garantida na sociedade, estes podem representar um fator motivacional importante no contexto da recreação em hotéis. Entretanto, com o intuito de contribuir para vencer o sedentarismo e possibilitar uma maior integração, podem ser adaptados do virtual para uma experiência corporal, denotando uma prática saudável e interativa, promotora de novas amizades e vivências significativas.

Para Schwartz et. al. (2013), todos os campos de atuação profissional podem apropriar-se das tecnologias virtuais em suas práticas, adaptando-as para as necessidades de cada área e estabelecendo objetivos que visem à garantia de novas perspectivas de intervenções com qualidade, para que sejam significativas e possam acompanhar as exigências e as expectativas da sociedade.

Para tanto, a sugestão é a de que os profissionais atuantes nesse segmento da recreação em hotéis de turismo utilizem estratégias envolvendo os *webgames* com o corpo, os quais partem dos estímulos contidos nos jogos virtuais, mas são devidamente adaptados para serem vivenciados corporalmente.

A criação dessa estratégia tem o intuito de instigar novas tendências de ação, remetendo aos recursos midiáticos, tecnológicos e, particularmente, à internet, uma vez que tais recursos são muito bem aceitos socialmente. A partir deles, deve-se visar ao incentivo da prática corporal, considerando-os como elementos catalisadores e motivadores de atividades prazerosas e significativas.

6.1 Descrição dos jogos e adaptações

6.1.1 Labirinto de bexigas

- **Nome do jogo original**: *Touch the Bubbles* 4.

- **Fonte**: <http://clickjogos.uol.com.br/jogos/touch-the-bubbles-4/>.

- **Descrição do jogo**: o jogador controla um raio de luz que se movimenta na tela conforme o movimento do *mouse*. O jogador deve estourar as bolhas espalhadas pela tela ao encostar o raio de luz nelas. No entanto, há obstáculos ou paredes, nas quais o raio de luz, controlado pelo jogador, não deve encostar, pois, caso isso aconteça, o jogo termina.

- **Nome adaptado**: Labirinto de bexigas.

- **Objetivo**: estourar o maior número de bexigas sem encostar nos obstáculos.

- **Faixa etária**: 8 a 14 anos.

- **Recursos materiais**: bexigas, palitos de dentes ou espetos de churrasco (qualquer coisa pontiaguda que não ofereça riscos à integridade física), cordas, cadeiras, mesas ou outros objetos como obstáculos.

- **Duração**: aproximadamente 15 minutos.

- **Desenvolvimento**: dividem-se as crianças em dois ou mais grupos. Elas devem correr por determinado percurso, uma a uma, com o palito de dente ou o espeto de churrasco em mãos, e cada criança pode estourar apenas uma bexiga por estação. Ao término da estação, a criança volta correndo para sua equipe e entrega o palito ou o espeto para a próxima, que continua o percurso. As bexigas podem estar posicionadas e amarradas uma a outra, em um intervalo de 10 m. Entre uma fileira e outra de bexigas, colocam-se os obstáculos, nos quais as crianças não podem encostar. Cada vez que uma criança encostar em um dos obstáculos, ela deve retornar ao início. Vence a equipe que estourar todas as bexigas primeiro.

- **Variações e adaptações**:
    - Em vez de estourar a bexiga, pode-se pegar a bexiga para si, ou mesmo, fazer uma marca com caneta hidrocor na bexiga, sem estourá-la.
    - Caso se queira delimitar o tempo de execução exato da atividade, pode-se modificar a forma de pontuação, sendo a equipe vencedora aquela que estourar o maior número de bexigas em um determinado tempo, por exemplo, em 3 minutos.
    - Pode-se optar por escolher bexigas de diferentes cores, dando pontuações diferentes a cada cor de bexiga.
    - É possível tirar pontos da equipe cada vez que uma criança encostar em um objeto.

Figura 6.1 – Labirinto de bexigas.

6.1.2 Fórmula cega

- **Nome do jogo original**: Fórmula *Racer*.

- **Fonte**: <http://clickjogos.uol.com.br/jogos/formula-racer/>.

- **Descrição do jogo**: é um jogo de corrida no campo dos jogos de Fórmula 1. Nesse jogo, o jogador controla um carro e percorre as pistas de diversas cidades. A diversidade das pistas e o número de voltas constituem a dificuldade do jogo. O objetivo é terminar a corrida em primeiro lugar.

- **Nome adaptado**: Fórmula cega.

- **Objetivo**: terminar o percurso primeiro, respeitando as regras do jogo.

- **Faixa etária**: 10 a 17 anos.

- **Recursos materiais**: vendas, coletes, garrafas PET e uma pista de corrida adaptada, que pode ser delimitada por riscos de giz no chão ou por fita-crepe.

- **Duração**: aproximadamente 15 minutos.

- **Desenvolvimento**:
  - As crianças devem ser divididas em duas ou mais equipes, dependendo do número de participantes. Todos, exceto um de cada equipe, são vendados. Os participantes vendados ficam espalhados na pista de corrida, de forma que a distância de uma criança a outra seja a mesma, ou, pelo menos, parecida. Quem não está vendado fica do lado de fora da pista, podendo percorrê-la por fora. A corrida entre as equipes funciona da seguinte forma: quem está do lado de fora é o único que está vendo o percurso, e será o volante do carro. No entanto, ele só pode passar instruções falando.

- A corrida se inicia e os participantes vendados, provavelmente andando, percorrem um pedaço da pista seguindo as instruções do companheiro de fora, até encontrarem o próximo amigo vendado, disposto a poucos centímetros a sua frente. Dessa forma, ele coloca as mãos no ombro do amigo, dando a ideia de um carro, e os dois, vendados, devem seguir até o próximo (o de trás com as mãos nos ombros do da frente) aumentando, assim, o tamanho do carro. Vence a equipe que chegar ao final do percurso primeiro, pegando todos os amigos durante o trajeto.

- **Variações e adaptações**: pode-se acrescentar uma nova meta para os participantes. Quando o "carro" estiver com um dado número de pessoas (determinado pelo recreador), eles devem buscar uma garrafa PET, que simboliza o combustível, e, somente após encherem o tanque (encontrarem a garrafa), podem continuar o percurso.

Figura 6.2 – Fórmula cega.

6.1.3 Canhão colorido

- **Nome do jogo original**: Canhão Cromático.

- **Fonte**: <http://rachacuca.com.br/jogos/canhao-cromatico/>.

- **Descrição do jogo**: nesse jogo, o jogador deve lançar bolinhas para eliminar grupos de três ou mais de uma mesma cor, para que, dessa forma, possa ir diminuindo a quantidade de bolinhas e chegar ao final de um nível do jogo. O *mouse* é utilizado para mirar e atirar uma bolinha no local que se quer acertar, e a barra de espaço é utilizada para trocar a cor da bolinha. O objetivo do jogo é remover todas as bolinhas, usando o canhão cromático. Quanto mais rápido for o participante, mais pontos ganhará quando terminar o nível.

- **Nome adaptado**: Canhão colorido.

- **Objetivo**: capturar o maior número de jogadores com a mesma cor do colete do "canhão colorido".

- **Faixa etária**: acima de 6 anos.

- **Recursos materiais**: coletes coloridos, vendas e música.

- **Duração**: aproximadamente 15 minutos.

- **Desenvolvimento**:
  - Cada participante deverá vestir um colete, e os coletes deverão ter cores diversificadas para identificar as equipes. Os participantes deverão loco-mover-se dispostos em serpentina pelo espaço, acompanhando o ritmo de uma música. Cada equipe selecionará um de seus membros para iniciar o jogo como o "canhão colorido", que ficará no centro da quadra ou do espaço, devidamente vendado e com o colete da mesma cor de sua equipe. No momento em que a música for interrompida, os jogadores "canhões coloridos" deverão percorrer um espaço em direção aos demais participantes, para tentarem capturar alguém que esteja em sua frente na serpentina.

- Caso consigam capturar alguém de sua própria equipe, devem retornar ao centro com este novo membro capturado, o qual também será vendado, tornando-se um "canhão colorido" e auxiliando seu companheiro de equipe na próxima tentativa. Se isso ocorrer, a equipe terá 1 ponto.

- Caso o "canhão colorido" não capture alguém de sua própria equipe e cor, no tempo de pausa da música, a equipe não receberá pontuação. O jogo continua com o reinício da música e termina quando todos os membros das equipes que estavam na serpentina forem capturados, ou no prazo estabelecido de 15 minutos para a atividade. A equipe vencedora será a que fizer mais pontos.

- **Variações e adaptações**:
  - Em vez de coletes com cores diferentes, podem ser utilizados coletes com números. O "canhão colorido" deverá tentar capturar os membros da serpentina, até atingir a soma de 10, entre os números existentes nos coletes dos participantes da serpentina e do "canhão colorido".
  - Em vez de coletes coloridos ou números, o mesmo jogo poderá ser feito utilizando-se letras, as quais devem formar alguma palavra.

Figura 6.3 – Canhão colorido.

Referências

CLICK Jogos. *Fórmula Racer*. 2011. Disponível em: <http://clickjogos.uol.com.br/jogos/formula-racer/>. Acesso em: 2 nov. 2013.

CLICK Jogos. *Touch the bubbles*. 2013. Disponível em: <http://clickjogos.uol.com.br/jogos/touch-the-bubbles-4/>. Acesso em: 2 nov. 2013.

COSTA, C. S.; TAHARA, A. K.; CARNICELLI FILHO, S. Recreação em hotéis: a concepção de hóspedes e monitores recreacionistas. *Licere - Revista do programa de pós-graduação interdisciplinar em estudos do lazer/UFMG*, Belo Horizonte, v. 14, n. 3, p. 1-21, set. 2011.

PLOWMAN, L.; STEVENSON, O. Using mobile phone diaries to explore children´s everyday lives. *Childhood*, London, v. 19, n. 4, p. 1-15, 2012. Disponível em: <http://chd.sagepub.com/content/19/4/539.full.pdf+html>. Acesso em: 03 nov. 2013.

QUEIROZ, M. N. G.; SOUZA, L. K. Atividades de lazer em jovens e adultos: um estudo descritivo. *Licere - Revista do programa de pós-graduação interdisciplinar em estudos do lazer/UFMG*, Belo Horizonte, v. 12, n. 3, p. 1-21, set. 2009.

RACHA Cuca. *Canhão Cromático*. 2010. Disponível em: <http://rachacuca.com.br/jogos/canhao-cromatico/>. Acesso em: 4 nov. 2013.

SANTIAGO, D. R. P. *Inclusão digital*: estratégia de co-participação de idosos no lazer virtual. 2011. 90f. Tese (Doutorado) – Instituto de Biociências, Universidade Estadual Paulista, Rio Claro, 2011.

SCHWARTZ, G. M. et al. Apropriação das tecnologias virtuais como estratégias de intervenção no campo do lazer: os webgames adaptados. *Licere - Revista do programa de pós-graduação interdisciplinar em estudos do lazer/UFMG*, Belo Horizonte, v. 16, n. 3, p. 1-26, set. 2013.

Tachizawa, T.; Pozo, H. E.; Vicente, A. J. O uso de tecnologias da informação em hotéis de pequeno porte: um estudo multicaso. *Organizações em Contexto*, São Bernardo do Campo, v. 9, n. 17, p. 31-57, jan./jun. 2013.

7 Webgames aplicados em academias de ginástica e dança

Priscila Raquel Tedesco da Costa Trevisan

Norma Ornelas Montebugnoli Catib

A adesão às diversas práticas de atividades físicas vem sendo amplamente estimulada para a manutenção da saúde e qualidade de vida. Entretanto, apesar de as academias estarem ocupando seu espaço no contexto social, essas organizações especializadas na oferta de tais práticas, de acordo com Silva et al. (2008), atendem a uma demanda de participantes considerada baixa, ainda insuficiente para determinar mudanças no estilo de vida de uma sociedade.

Pinheiro, Silva e Petroski (2010) apontam que os motivos para a não permanência, adesão ou continuidade nos ambientes das academias podem estar associados, além do poder aquisitivo e financeiro, ao fato de muitos desses locais ainda privilegiarem elementos estéticos como um fim, em detrimento de uma educação para a saúde. Quanto à motivação para essas práticas em academias, o prazer pelo exercício se torna um fator relevante.

Dessa forma, torna-se importante que novas estratégias sejam inseridas, a fim de motivar a prática e a adesão ao exercício. Uma dessas estratégias diz respeito à inserção do elemento lúdico, inclusive no âmbito das academias, visto que este se torna um fator capaz de atender à satisfação dos clientes, representando um atrativo a mais e agregando novas experiências prazerosas.

Nesse sentido, a adequação desses espaços às novas demandas da mídia e da contemporaneidade representa, também, outras estratégias a serem inseridas nesse ambiente de prática. Ao se pensar nessas novas demandas, uma das ferramentas que pode atender e privilegiar essas finalidades concomitantemente é a apropriação das tecnologias virtuais, por meio das quais se torna possível planejar, desenvolver e implementar jogos, que, de acordo com Falkembach (2013), centrados na perspectiva lúdica, podem oferecer um universo rico de significados, agregando entretenimento, prazer e informação.

As tecnologias são recursos cada vez mais presentes e reconhecidos no cotidiano de crianças, jovens e adultos, sendo utilizadas com diferentes propósitos nas mais diversas situações, entre elas, para promover aprendizado, interação e novas descobertas. Sendo assim, atualmente, a tecnologia já aparece nos ambientes das academias, para planejamento e supervisão dos treinos, tornando-os mais eficientes, incentivando o rendimento, a interatividade entre alunos e, até mesmo, dinamizando o agendamento de aulas.

Para Falkembach (2013), não se pode negar a presença dos recursos tecnológicos na vida social atual e, associados ao processo lúdico, estes permitem o desenvolvimento e a apreensão de qualquer conteúdo, de forma divertida e prazerosa. A mesma autora ainda destaca que as atividades lúdicas auxiliam na construção da autoconfiança, motivando e estimulando a aprendizagem.

As tecnologias digitais, por meio dos jogos, trazem novas possibilidades para resultados pedagógicos importantes. Entretanto, existem limitações decorrentes do uso do computador, principalmente no que se refere aos jogos, ao uso do teclado e dos movimentos corporais. Uma questão que se faz pertinente seria a adequação das formas existentes de jogos virtuais, para tornarem vivas as práticas corporais apropriadas e baseadas nesses jogos.

Sendo assim, os *webgames* trazem um universo de propostas e articulações com a cultura corporal do movimento, envolvendo aspectos que, em virtude de sua relevância e possibilidades, podem ser repensados corporalmente, inclusive no contexto do ambiente das academias de ginástica e dança.

No que se refere às ginásticas, de acordo com Gaio et al. (2010), essas são práticas corporais sujeitas a diversos objetivos, entre os quais tem-se a preparação para as modalidades esportivas variadas, o relaxamento, a recreação, a competição e a manutenção da saúde.

Considerando que a dança é uma das mais antigas formas de linguagem, Agostini (2010), Tadra et al. (2009) e Nanni (2008) acreditam que esta faz parte da evolução humana e demarca sua presença em todos os aspectos da existência. Souza (2012), por sua vez, salienta a permanência da dança nos espaços da arte, da educação, de terapia e no lazer.

Assim como as ginásticas, a dança possui valores que foram e ainda são social, cultural e historicamente construídos e, para Gaio et al. (2010), ambas são conteúdos que devem ser apropriados pelo ser humano por suas relações com o desenvolvimento da inteligência, das emoções, do desempenho corporal.

Sendo assim, associar tais manifestações da cultura corporal do movimento ao elemento lúdico e às tecnologias digitais, com base na inserção de vivências dos *webgames* com o corpo no ambiente das academias de ginástica e dança, pode significar um novo atrativo para estimular a adesão e a prática regular de atividades em academias. Por esse motivo, serão apresentadas, na sequência, algumas sugestões de *webgames* focalizando atividades de ginásticas e danças.

7.1 Descrição dos jogos e adaptações

7.1.1 Partitura de movimento

- **Nome do jogo original**: *Hip-Hop Don't Stop*.

- **Fonte**: <http://clickjogos.uol.com.br/Jogos-online/Meninas/Hip-Hop-Dont-Stop/>.

- **Descrição do jogo**: o jogo utiliza três personagens, dançarinas de *hip-hop* para progredirem com suas coreografias. É necessário ajudá-las nos movimentos que demonstram os passos e combinações, clicando nas setas do teclado corretamente, para que consigam avançar os estágios. Os estágios passam pelo uso de uma seta única e combinações de duas ou três setas, em sentidos diferentes, para compor os passos de dança. O desafio é não cometer erros pelo tempo de 60 segundos.

- **Nome adaptado**: Partitura de movimentos.

- **Objetivo**: compor uma sequência coreográfica, a partir da execução de diferentes passos e movimentos, propostos por meio de legendas e códigos de movimentos corporais que estarão registrados em cartas.

- **Faixa etária**: a partir de 10 anos.

- **Recursos materiais**: cartas contendo símbolos (para cada carta um símbolo) que indicarão movimentos corporais específicos, dispostas em linhas paralelas, representando uma pauta ou um pentagrama para a composição da partitura de movimentos, conforme modelos propostos nas Figuras 7.1 e 7.2.

- **Duração**: um minuto, entre leitura e interpretação das cartas. O tempo para o desenvolvimento das fases seguintes poderá variar de acordo com a complexidade e com os ritmos das sequências compostas.

- **Desenvolvimento**:
  - Será utilizado um espaço físico amplo para que os participantes possam se deslocar de diversas maneiras. As cartas com os códigos de movimento deverão estar expostas aleatoriamente pelo chão.

  - Na fase individual (fase 1), cada participante estará caminhando aleatoriamente pelo espaço e, ao ouvir a música, deverá parar em frente a uma sequência de cartas. Nesse momento, os participantes farão a leitura e se movimentarão de acordo com os códigos de movimentos propostos nas cartas dispostas no chão, seguindo um ritmo musical. Quando o som for interrompido, sob o comando de um instrutor, os participantes deverão pegar a sua carta e se deslocar na direção de um colega.

- Já na fase em duplas (fase 2), quando novamente ouvirem o som, os participantes deverão parar, colocar sua carta no chão e executar a proposta descrita na sua carta e na do colega escolhido. Quando o som for interrompido, novamente, a dupla deverá pegar suas cartas e se deslocar em direção a outra dupla (fase 3) e, assim, sucessivamente, até que todos os participantes estejam envolvidos e possam, dessa forma, compor uma única coreografia.

- **Variações e adaptações**: pode-se utilizar a progressão por fases, de forma que a fase 1 consistiria em movimentos simples, a fase 2 teria a combinação de movimentos duplos e, a fase 3, a combinação de movimentos triplos.

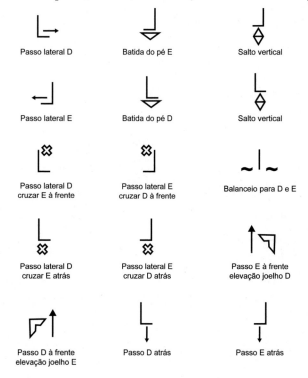

FIGURA 7.1 – Modelos de símbolos para as cartas.

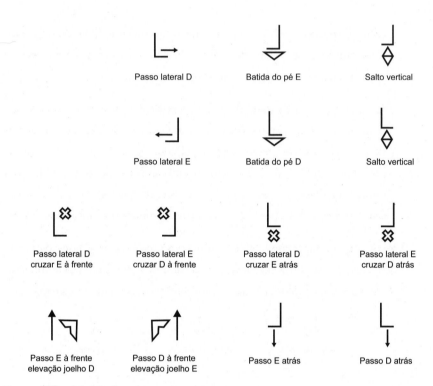

Figura 7.2 – Modelo de partitura de movimento.

Figura 7.3 – Partitura de movimentos.

7.1.2 Baralho da dança

- **Nome do jogo original**: A bailarina.

- **Fonte**: <http://www.ojogos.com.br/jogo/A-Bailarina.html>.

- **Descrição do jogo**: o jogo consiste na escolha de peças que contêm movimentos de dança, as quais podem ser ordenadas a critério do jogador. Para iniciar o jogo, o participante pode escolher uma música com a qual a dança será exibida e pode, inclusive, alterar as cores da iluminação e do cenário. É possível também ir selecionando as peças que representam os movimentos, de acordo com o repertório de sua preferência. A dança continua até que a música acabe.

- **Nome adaptado**: Baralho da dança.

- **Objetivo**: envolver todos os membros da equipe por meio de movimentos contínuos no menor tempo possível.

- **Faixa etária**: a partir de 10 anos.

- **Recursos materiais**: papéis sulfite ou pedaços de cartolinas, entre outros, contendo a descrição dos movimentos e gestos a serem interpretados. Bambolês, garrafas PET ou círculos com tamanhos diversificados desenhados no chão aleatoriamente, ou conforme previamente combinado, como sendo bases para progresso no jogo. Pode-se utilizar também fita-crepe e músicas diversas, com diferentes estilos.

- **Duração**: o tempo da música selecionada.

- **Desenvolvimento**:
  - Será utilizado um espaço físico, preferencialmente amplo, no qual os participantes estarão livremente dispostos. Cada jogador terá uma instrução de movimento afixada em suas costas.

- Serão formadas duas equipes, cada uma com cores discriminadas nos respectivos papéis afixados nas costas dos participantes, e um líder, o qual conduzirá o percurso dos seus componentes. O jogo se inicia com os líderes se deslocando em sentido horário ou anti-horário, conforme o que for designado previamente.

- Ao iniciar a música, cada líder vai seguindo seu ritmo indo em direção a uma base, na qual selecionará um membro da equipe, por meio de um gesto representando que este será o escolhido para executar o movimento que estiver nas costas do líder. E assim, sucessivamente, cada jogador será incluído. O jogo se encerra com o líder fechando o círculo, de forma que consiga executar os movimentos descritos nas costas do último participante do seu grupo. Vence a equipe que primeiro cumprir essa meta.

- **Variações e adaptações**: podem ser propostos diferentes percursos para cada equipe, e a cada jogada os líderes devem ser trocados.

Figura 7.4 – Baralho da dança.

7.1.3 Compondo passos

- **Nome do jogo original**: A Bela e a Fera – siga o líder.

- **Fonte**: <http://clickjogos.uol.com.br/jogos/a-bela-e-a-fera-siga-o-lider/>.

- **Descrição do jogo**: o objetivo do jogo é treinar a Fera para uma apresentação de dança no castelo. O jogo consiste em pressionar as setas do teclado conforme aparecem na tela, antes que o tempo termine. Os erros são indicados por meio de pétalas, as quais caem e, ao somar 5, o jogo acaba. Cada barra de setas corresponde a um movimento de dança entre a Bela e a Fera. Cada vez que aparece na tela um amigo da Bela, deve-se pressionar a barra de espaço e, assim, recuperar uma pétala ou receber uma pontuação maior. Quando o jogador consegue executar todas as combinações propostas na barra de setas dentro do tempo estabelecido, passa-se uma fase, sendo possível visualizar a sequência de passos antes que seja desbloqueada a próxima fase e, assim, sucessivamente.

- **Nome adaptado**: Compondo passos.

- **Objetivo**: seguir o seu líder, de acordo com os passos e movimentos propostos, seguindo um comando de ordem numérica.

- **Faixa etária**: a partir de 10 anos.

- **Recursos materiais**: músicas com diferentes estilos.

- **Duração**: livre, ou de acordo com a quantidade de participantes.

- **Desenvolvimento**:
  - Em um espaço físico amplo, os participantes dispostos em duplas previamente numeradas, sendo um o líder e o outro o seu seguidor, deverão criar movimentações corporais de acordo com o tempo preestabelecido.

- Na fase inicial, cada líder realiza o movimento que criou, o qual será repetido por seu seguidor e, assim, o jogo segue continuamente pelas outras duplas, de acordo com a ordem numérica estabelecida. Os jogadores somente passarão para a fase seguinte quando todas as sequências criadas forem executadas continuamente sem erros. Exemplo: dupla 1, dupla 2, dupla 3, e assim sucessivamente, de acordo com a quantidade de duplas.

- Na fase intermediária, o jogo reinicia seguindo comandos que alterem a ordem em que as duplas deverão executar os movimentos. Por exemplo: dupla 2, dupla 4, dupla 1 e outros.

- Por fim, na fase avançada, o líder 1 faz seu movimento, o qual é repetido por seu seguidor. O líder 2 executa o movimento da dupla 1 e, em seguida, demonstra o seu movimento, que é repetido pelo seguidor 2. O mesmo acontece com a dupla 3 e com a dupla 4. Como desafio, as quatro duplas realizam juntas todos os movimentos demonstrados consecutivamente a cada quatro duplas.

- **Variações e adaptações**: pode-se iniciar as sequências das últimas duplas para as primeiras. O jogo pode ser reiniciado trocando os líderes por seguidores.

Figura 7.5 – Compondo passos.

Referências

AGOSTINI, B. R. *Ballet clássico*: preparação física, aspectos cinesiológicos, metodologia e desenvolvimento motor. Várzea Paulista: Fontoura, 2010.

OJOGOS.com.br. *A bailarina*. Disponível em: <http://br.barbie.com/activities/fantasy/princess/12dp/ballerina/>. Acesso em: 2 out. 2013.

CLICK jogos. *A Bela e a Fera*: siga o líder. Disponível em: <http://clickjogos.uol.com.br/jogos/a-bela-e-a-fera-siga-o-lider/>. Acesso em: 2 out. 2013.

CLICK jogos. *Hip-Hop Don't Stop*. 2009. Disponível em: <http://clickjogos.uol.com.br/Jogos-online/Meninas/Hip-Hop-Dont-Stop//>. Acesso em: 2 out. 2013.

FALKEMBACH, G. A. M. O lúdico e os jogos educacionais. 2011. Disponível em: <http://penta3.ufrgs.br/midiasedu/modulo13/etapa1/leituras/arquivos/Leitura_1.pdf>. Acesso em: 20 out. 2013.

GAIO, R. et al. *Ginástica e dança*: no ritmo da escola. Várzea Paulista: Fontoura, 2010.

NANNI, D. *Dança Educação pré-escola à universidade*. 5. ed. Rio de Janeiro: Sprint, 2008.

PINHEIRO, K. C.; SILVA, D. A. S.; PETROSKI, E. L. Barreiras percebidas para prática de musculação em adultos desistentes da modalidade. *Revista Brasileira de Atividade Física & Saúde*, Londrina, v. 15, n. 3, p. 157-62, 2010. Disponível em: <http://periodicos.ufpel.edu.br/ojs2/index.php/RBAFS/article/viewFile/716/723>. Acesso em: 5 nov. 2013.

SILVA, M. C. et al. Participação atual e passada em academias de ginástica entre adultos: prevalência e fatores associados. *Revista Brasileira de Atividade Física & Saúde*, Londrina, v. 13, n. 1, p. 28-36, 2008. Disponível em: <http://periodicos.ufpel.edu.br/ojs2/index.php/RBAFS/article/viewFile/780/789>. Acesso em: 22 out. 2013.

SOUZA, A. A. A. *A prática pedagógica do balé clássico da educação infantil*: revelando caminhos. Várzea Paulista: Fontoura, 2012.

TADRA, D. S. A. et al. *Metodologia do ensino de artes*: linguagem da dança. Curitiba: IBPEX, 2009.

8 Webgames educativos na natureza

Cheng Hsin Nery Chao
José Pedro Scarpel Pacheco

A proposta de adaptação de *webgames* para a prática corporal em áreas abertas parte da premissa de que as vivências pedagógicas na natureza, a partir de uma perspectiva dialógica, permitem ampliar e modificar conceitos acerca da educação ambiental e da relação do ser humano consigo mesmo, com o outro e com o planeta.

Uma educação sensibilizadora fortalece a relação entre o ser humano e a natureza, no tocante à responsabilidade ambiental, e traz experiências que podem ampliar um potencial crítico, capaz de fazê-lo assumir um compromisso ético com a sociedade e com o meio ambiente. Em um primeiro momento, obviamente, não se pode ter a pretensão de globalizar essas atitudes, visto que elas envolvem uma enorme problemática ambiental; mas pequenas atitudes podem constituir um diferencial, trazendo o conhecimento e a compreensão da importância de preservar a natureza em benefício do planeta (Silva e Chao, 2011).

A criação de novas alternativas motoras com base nos *webgames* na natureza, para a sensibilização das pessoas, pode promover o desenvolvimento de um comportamento preservacionista, incitar o senso de aventura e de vivências de emoções, que podem incentivar descobertas internas e levar à reflexão no estilo existencial saudável e motivador para todas as faixas etárias (Schwartz, Campagna e Tavares, 2011).

São incentivados, por meio das adaptações dos *webgames* com o corpo, aspectos como socialização, cuidado com o outro, percepção corporal, estimulação dos sentidos, cooperação, além do respeito a valores essenciais ao brincar, como espontaneidade, alegria, prazer e liberdade (Marinho, 2004).

Dessa forma, a riqueza na formação e no fortalecimento positivo da personalidade fica explícita. Para a área do lazer, amplia-se, de forma criativa e inovadora o rol de atividades motoras com conteúdos culturais virtuais, despertando a curiosidade com base na identidade das diversas gerações com as novas tecnologias.

8.1 Descrição dos jogos e adaptações

8.1.1 Caça ecológica

- **Nome do jogo original**: *Eco Challenge.*

- **Fonte**: <http://clickjogos.uol.com.br/Jogos-online/Acao-e-Aventura/Eco-Challenge/>.

- **Descrição do jogo**: utiliza famosos personagens de desenhos animados, como os de *Lilo & Stitch*, para fazer a sua parte da conscientização ambiental, recolhendo lixos no chão e plantando árvores antes que o tempo termine, para marcar pontos e completar as diversas atividades.

- **Nome adaptado**: Caça ecológica.

- **Objetivo**: recolher o maior número de lixos recicláveis espalhados pelo ambiente delimitado e jogar cada tipo de lixo em suas respectivas lixeiras, separando-os pelas cores da reciclagem. O participante deverá se posicionar a um metro, no mínimo, de distância do alvo para lançar. Essas duas etapas serão feitas em um tempo pré-determinado.

- **Faixa etária**: 8 a 15 anos.

- **Recursos materiais**: garrafas PET, latinha de alumínio, papel, algum material que simule o vidro, já que a utilização deste seria perigosa (por exemplo, garrafa PET da cor transparente, com o escrito "vidro"), baldes ou caixas para serem usados como lixeiras e um saco de lixo biodegradável, ou uma caixa de papelão para cada participante colocar o lixo recolhido, antes de jogá-lo nas lixeiras.

- **Duração**: 2 minutos.

- **Desenvolvimento**:
  - O jogo será desenvolvido em um ambiente onde os participantes (5 a 10 participantes em cada equipe) consigam locomover-se com rapidez e segurança (a quadra de esportes, por exemplo). Cada participante terá de recolher o máximo de lixo reciclável e jogá-lo nas lixeiras no tempo determinado.

  - Serão colocados dois conjuntos de lixeiras, um para cada equipe, ao lado da quadra. Deverá ser explicado para os participantes que eles poderão recolher os lixos e jogá-los nas lixeiras e, caso ainda tenham tempo, poderão fazê-lo mais uma vez.

  - Cada lixo recolhido e colocado na lixeira correta valerá um ponto. O lixo que estiver nas lixeiras incorretas ou que não tenha sido jogado nas lixeiras não pontuará.

- **Variações e adaptações**:
  - Os locais para desenvolvimento do jogo poderão ser quadras esportivas, pistas de atletismo, salas de aula, praças abertas etc.

  - O número de participantes poderá ser alterado, dependendo do local em que se desenvolverá o jogo.

- Se for feito em uma pista de atletismo ou outro lugar onde o percurso seja mais longo, o jogo poderá ser desenvolvido de forma que os participantes das duas equipes juntas recolham o maior número de lixo reciclável, jogando-os nas lixeiras, mas não poderão retornar e recolher novamente.

- A pontuação poderá depender do tempo de decomposição de cada material. Por exemplo:
  - Papel (3 a 6 meses) = 2 pontos.
  - Alumínio (200 a 500 anos) = 25 pontos.
  - Garrafa PET (400 anos) = 30 pontos.
  - Vidro (mais de 4.000 anos) = 200 pontos.
  - Copo plástico (50 anos) = 10 pontos.

Figura 8.1 – Caça ecológica.

8.1.2 Labirinto ecológico

- **Nome do jogo original**: Labirinto.

- **Fonte**: <http://www.natureza-brincalhona.pt/flash/labirinto.swf>.

- **Descrição do jogo**: a missão é apanhar os resíduos espalhados pelo labirinto. Deve-se prestar atenção e apanhar apenas os resíduos de interesse do ecoponto amarelo. Se o jogador tocar nas cascas de banana, perde uma das três vidas. Utilize as teclas: para cima, para baixo, para a direita e para a esquerda, para mover o ecoponto amarelo.

- **Nome adaptado**: Labirinto ecológico.

- **Objetivo**: recolher o maior número de copos plásticos descartáveis espalhados pela quadra sem sair das linhas de demarcação e sem ser tocado pelas "bananas pegadoras".

- **Faixa etária**: a partir de 10 anos.

- **Recursos materiais**: copos plásticos descartáveis e uma fita amarela, para marcar os pegadores.

- **Duração**: o tempo estimado para que as "bananas pegadoras" toquem os coletores nas duas etapas é de aproximadamente 10 minutos.

- **Desenvolvimento**: o jogo poderá ser desenvolvido numa quadra poliesportiva, onde haja demarcação no chão. Será executado em duas etapas e participarão duas equipes com oito integrantes cada. A primeira etapa será com os oito integrantes da primeira equipe, que serão os coletores, e dois integrantes da segunda, que serão os pegadores. Estes serão escolhidos pelos integrantes de suas equipes. Na etapa seguinte, os papéis se invertem: oito coletores da segunda equipe e dois pegadores da primeira. Ambas as etapas chegarão ao fim quando todos os coletores forem tocados pelos pegadores, ficando congelados. Os coletores terão de andar rápido, sem correr, em cima das linhas demarcadas, recolhendo os copos plásticos descartáveis colocados no chão da quadra. Os pegadores também terão de andar nas linhas demarcadas, e cada vez que tocarem em um dos coletores este ficará congelado no lugar, até o final do jogo. Não haverá problema de exclusão, pois ganhará a competição quem tiver coletado o maior número de copos, e não o último a ser congelado. Ao final das duas etapas, haverá contagem dos pontos, e cada copo coletado valerá um ponto. A vencedora será a equipe que tiver maior número de pontos. O jogo estimula o raciocínio e o desenvolvimento de estratégias, pois os coletores terão de "desviar" dos pegadores.

- **Variações e adaptações**:
  - O jogo poderá ser feito em outros locais como, por exemplo, a sala de aula, utilizando fita adesiva para a demarcação no chão, ou, até mesmo, os corredores entre as carteiras. Outros ambientes possíveis são os gramados e parques arborizados. Em gramados, pode-se utilizar barbantes ou cordas no chão, para delimitar o labirinto. Já em parques arborizados, os barbantes e as cordas podem ser amarrados nas árvores, mais ou menos com um metro de altura.

  - O número de participantes poderá ser alterado, dependendo do local a ser desenvolvido o jogo.

  - Em vez de copos plásticos descartáveis, poderá ser utilizado qualquer outro material reciclável, como latas de alumínio e tubos de rolo de papel higiênico.

  - Para demarcar os pegadores, poderão ser utilizados coletes, camisetas amarelas ou de qualquer outra cor.

Figura 8.2 – Labirinto ecológico

8.1.3 Ecocorrida de revezamento com obstáculos

- **Nome do jogo original**: *Free Running*.

- **Fonte**: <http://clickjogos.uol.com.br/Jogos-online/Esportes/Free-Running/>.

- **Descrição do jogo**: correr por um cenário repleto de obstáculos e objetos que darão pontos, pegando todos os que conseguir, enquanto pula, realiza manobras no ar e tira fotos, chegando ao fim de cada cenário o mais rápido possível para conseguir uma pontuação ainda maior.

- **Nome adaptado**: Ecocorrida de revezamento com obstáculos.

- **Objetivo**: correr os 60 m da prova com revezamento e obstáculos no menor tempo possível. O primeiro participante terá de correr e coletar lixos recicláveis nos primeiros 20 m, colocando-os em uma sacola reciclável, passando para um segundo participante, que repetirá a operação nos 20 m seguintes e, nos 20 m finais, o terceiro participante pegará a sacola de lixo, tendo que saltar obstáculos.

- **Faixa etária**: 10 a 14 anos.

- **Recursos materiais**: lixos recicláveis, garrafas PET, barbante e sacola reciclável.

- **Duração**: menor tempo para que as equipes finalizem a corrida.

- **Desenvolvimento**:
  - Contando com 4 equipes de 3 participantes cada, num total de 12 participantes, a corrida será desenvolvida em qualquer lugar que tenha 60 m em linha reta, ou que tenha condições de fazer curvas com segurança para os participantes, totalizando 60 m.

  - O primeiro participante de cada equipe terá que correr os 20 m iniciais, coletando um reciclado de cada material (plástico, alumínio, papel e vidro simulado) espalhado no chão, colocando-o em uma sacola. No final, este passará a sacola para o segundo participante, o qual repetirá a operação.

- Ao final dos 40 m, este passará a sacola ao terceiro participante, o qual terá que correr os 20 m finais segurando a sacola e saltando obstáculos, que serão barbantes amarrados a duas garrafas PET cheias de água, colocadas a, aproximadamente, cada 3 m, totalizando 6 obstáculos.

- Para cada reciclado que não for coletado corretamente, que cair no chão ou a cada obstáculo derrubado serão acrescentados 2 minutos ao final da corrida. Vencerá a equipe que finalizar a corrida em menor tempo.

- **Variações e adaptações**:
    - A corrida poderá ser desenvolvida em diversos locais, como quadras, campos de futebol, pistas de atletismo e lugares abertos.

    - As idades dos participantes poderão ser alteradas para menos ou para mais.

    - Dependendo da idade dos participantes, a distância e o número de obstáculos poderão ser alterados, para que se possa ter menor ou maior dificuldade. Em ambientes abertos, como parques em que há árvores, pequenas formações rochosas e riachos (não poluídos), os obstáculos serão definidos de acordo com a faixa etária, com o grau de dificuldade e com a segurança para o praticante.

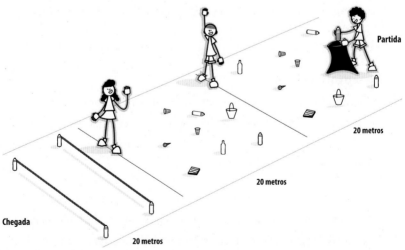

Figura 8.3 – Ecocorrida de revezamento com obstáculos.

Referências

Click Jogos. *Eco-Challenge*. 2009. Disponível em: <http://clickjogos.uol.com.br/Jogos-online/Acao-e-Aventura/Eco-Challenge/>. Acesso em: 12 out. 2013.

Click Jogos. *Free Running*. 2010. Disponível em: <http://clickjogos.uol.com.br/Jogos-online/Esportes/Free-Running/>. Acesso em: 12 out. 2013.

Marinho, A. Atividades recreativas e ecoturismo: a natureza como parceira no brincar. In: Schwartz, G. M. (Coord.). *Atividades recreativas.* Rio de Janeiro: Guanabara Koogan, 2004. p. 1-16.

Natureza Brincalhona. *Labirinto*. Disponível em: <http://www.natureza-brincalhona.pt/flash/labirinto.swf>. Acesso em: 12 out. 2013.

Schwartz, G. M.; Campagna, J.; Tavares, G. H. As atividades de aventura e a configuração do estilo pró-ativo no lazer. In: Pereira, D. W. et. al. *Entre o urbano e a natureza*: a inclusão na aventura. São Paulo: Lexia, 2011. v. 1. p. 73-86.

Silva, P. P. C.; Chao, C. H. N. Práticas Corporais na Natureza: por uma Educação Ambiental. *Revista da Educação Física/UEM* , Maringá, v. 22, n. 1, p. 89-97, 2011.

9 Webgames aplicados em programas para idosos

Viviane Kawano Dias

Caroline Valvano Schimidt

É visível, atualmente, o interesse e a preocupação dos indivíduos idosos em adotar cuidados e desenvolver atitudes mais saudáveis e positivas para melhorar sua qualidade de vida. Não se trata somente de ter uma vida mais sadia, mas, também, de poder vivenciar experiências marcantes e significativas no âmbito do lazer, para desfrutarem melhor essa fase do desenvolvimento, com menos preocupações e mais prazer, tentando amenizar os dissabores relacionados aos declínios e às consequências trazidas pelo processo de envelhecimento.

Segundo Dias e Schwartz (2004), em suas pesquisas sobre a representação do lazer na vida dos idosos, estes evidenciam a importância do lazer em suas vidas, justificando a busca por melhor qualidade de vida e a ocupação prazerosa do tempo disponível. Da mesma maneira, também é notória a crescente demanda da população pela utilização dos recursos tecnológicos e, com isso, pela inserção no ambiente virtual, uma vez que os idosos querem acompanhar o processo evolutivo e as mudanças sociais, travando uma grande batalha diante dos novos desafios do mundo virtual.

De acordo com Lemos (2015), compreender a essência do fenômeno técnico, suas particularidades e complexidades, bem como seu papel na história da humanidade, não é tarefa fácil, uma vez que isso exige uma mudança nos olhares de diversos segmentos envolvidos, desde a elaboração de *hardwares* e *softwares* com novas funções até programas sociais e políticas públicas de inclusão digital do idoso que possam ser capazes de implementar novas ferramentas e novas intervenções para entender as necessidades específicas dessa população em crescimento, acompanhando o fenômeno técnico-científico contemporâneo e suas influências nas sociedades.

Portanto, a relação do idoso com o uso das tecnologias na cultura contemporânea parece ser uma dessas complexidades do fenômeno técnico, ainda de difícil compreensão. Não se pode, porém, negar que a população idosa tem procurado efetivamente sua reinserção nas esferas sociais, sobretudo no contexto das inúmeras possibilidades de vivências dos conteúdos culturais do lazer.

Não só se percebe um aumento na demanda por aprender como lidar com as possibilidades oferecidas pelo acesso ao ambiente virtual, como também nota-se um número cada vez mais crescente de indivíduos idosos que se interessam pelos outros conteúdos culturais do lazer, especialmente buscando se envolver com atividades diferentes e que propiciem mais desafios, como é o caso dos jogos eletrônicos. Essas iniciativas já vêm sendo estimuladas e oferecidas em programas que atendem à população idosa, como as UnATIs (Universidades Abertas à Terceira Idade) e os Projetos de Terceira Idade.

Nascimento et al. (2013) constataram que a prática de jogos eletrônicos pelos idosos traz resultados efetivos e positivos no que tange às respostas psicológicas associadas com a participação em um exercício agudo e, ainda, perceberam que a prática de exercício, tanto em ambiente real quanto no virtual, é benéfica para as pessoas idosas, no que tange aos aspectos referentes à percepção subjetiva relacionada ao exercício.

A utilização dos jogos eletrônicos em atividades voltadas para os idosos pode ressignificar o lazer dessa população, viabilizando o entretenimento, ocupando seu tempo disponível e possibilitando o uso dos conteúdos virtuais de maneira saudável e socialmente adequada. Entretanto, a oportunidade de vivenciar essas vantagens trazidas pelo desenvolvimento tecnológico parece ainda não estar disponível para todos os idosos, em virtude do alto custo dos equipamentos, adequações dos *softwares* para a faixa etária, complexidade dos jogos, falta de conhecimento por parte dos profissionais que trabalham com essa população, entre outros entraves.

Dessa maneira, pensando em um meio de diminuir a distância entre o mundo virtual e os idosos e enriquecer o repertório de atividades recreativas no âmbito do lazer, este capítulo pretende propor atividades de *webgames* com o corpo para serem trabalhadas no ambiente real com idosos, com o objetivo de incorporar uma nova linguagem, capaz de ampliar e recriar as possibilidades de práticas corporais lúdicas nesta fase do desenvolvimento humano, que emergem com essa nova cultura (cibercultura).

9.1 Descrição dos jogos e adaptações

9.1.1 Push box

- **Nome do jogo original**: *Sokoban*.

- **Fonte**: <http://ultradownloads.com.br/jogo-online/Raciocinio/No-Lugar-Certo/>.

- **Descrição do jogo**: o jogador deve posicionar algumas caixas nos lugares certos, previamente determinados. As caixas são movimentadas pelas setas do teclado. No entanto, só é possível mexer cada caixa por vez, e apenas empurrando-as na direção à qual o "bonequinho" está direcionado. Não é possível "puxar" as caixas para trás.

- **Nome adaptado**: *Push box*.

- **Objetivo**: posicionar as caixas no lugar correto, previamente determinado.

- **Faixa etária**: acima de 60 anos.

- **Recursos materiais**: caixas de papelão e fita adesiva ou giz.

- **Duração**: de 5 a 10 minutos em cada nível.

- **Desenvolvimento**: o profissional que coordena a atividade deve usar fita adesiva para demarcar um tabuleiro no chão, colocando um "x" no lugar em que as caixas deverão ser posicionadas, e as casas ou obstáculos que não podem ser atravessados são preenchidos com sombreamento feito com giz. O idoso deverá pensar qual a melhor maneira de colocar as caixas nos lugares determinados, apenas *empurrando-as* para qualquer direção, nunca as puxando para trás. Quando chegar a um ponto onde não houver mais movimentos possíveis, é necessário voltar todas as caixas para a posição inicial e começar novamente. Quando todas as caixas forem posicionadas nos locais demarcados com o "x", o objetivo foi atingido e o jogador terá direito a iniciar um nível mais avançado.

- **Variações e adaptações**: pode-se alterar os modelos de tabuleiros e, além disso, essa atividade pode ser realizada com o idoso que empurrará as caixas vendado, enquanto outro idoso, que ficará fora do tabuleiro, dará orientação verbal para que as caixas sejam empurradas para os lugares corretos.

Figura 9.1 – *Push box*.

9.1.2 Split splash

- **Nome do jogo original**: Sapo na lagoa.

- **Fonte**: <http://www.universoneo.com.br/infantil/index.php?task=view& id=124>.

- **Descrição do jogo**: o sapo deve atravessar a lagoa, utilizando os objetos que estão flutuando, para alcançar a sapa, que está do outro lado da margem.

- **Nome adaptado**: *Split splash*.

- **Objetivo**: chegar ao outro lado da lagoa pelo melhor caminho, sem cair na água, e alcançar a sapa.

- **Faixa etária**: acima de 60 anos.

- **Recursos materiais**: cordas, cartolinas e arcos.

- **Duração**: 10 minutos.

- **Desenvolvimento**:
  - Nesse jogo, todos os idosos participantes são "sapos", que deverão chegar até o outro lado da lagoa, para alcançar "sapa". Para adaptar esse jogo, sugere-se que quem estiver organizando determine diversos circuitos, aumentando a dificuldade gradativamente, para que os idosos cheguem até o outro lado da quadra, do campo ou qualquer outro espaço aberto.

  - Nesse circuito, são estimuladas diversas habilidades, como equilíbrio, capacidade de transpassar objetos, noção de espaço, entre outras. Para montar o circuito usam-se cordas (pontes), arcos e cartolinas recortadas em forma de folhas, troncos e vitórias-régias, para dar mais realidade ao ambiente de lagoa.

- As cordas podem ser utilizadas para desenvolver o equilíbrio, e os idosos devem caminhar entre duas cordas posicionadas paralelamente. Já os arcos, folhas, troncos e flores devem ser espalhados pelo caminho, em distâncias maiores e menores, e os participantes devem pisar dentro ou sobre eles para não "caírem na lagoa".

- Vale lembrar que os objetos por onde eles passarão devem estar espalhados, tanto no comprimento como na largura do espaço delimitado, pois, assim, cada idoso poderá escolher o melhor caminho que deseja fazer para chegar até a "sapa", que poderá ser uma idosa e/ou um idoso. Aqueles que pisarem fora dos lugares delimitados deverão retornar ao início e tentar novamente.

- **Variações e adaptações**: pode-se montar um caminho mais difícil para se chegar até o outro lado, e quem conseguir passar por esse caminho ganha mais pontos.

Figura 9.2 – *Split splash*.

9.1.3 Up and down

- **Nome do jogo original**: *Aib!*

- **Fonte**: <http://www.universoneo.com.br/infantil/index.php?task=view&id=128>.

- **Descrição do jogo**: um macaco precisa desviar de frutas que surgem no jogo, utilizando movimentos de abaixar e saltar. Caso as frutas o atinjam, não é marcado ponto. Quanto maior o número de frutas das quais ele consegue desviar, maior a pontuação.

- **Nome adaptado**: *Up and down.*

- **Objetivo**: desviar das frutas saltando ou abaixando.

- **Faixa etária**: acima de 60 anos.

- **Recursos materiais**: bolas de borracha e cordas.

- **Duração**: dependente da condição física dos participantes.

- **Desenvolvimento**:
  - Os participantes (idosos) deverão ficar espalhados em uma metade da quadra de vôlei, parados em determinado local. Dois a três monitores de cada lado deverão ficar atrás das linhas laterais, os quais lançarão bolas de borracha de modo rasteiro e por cima, para que os participantes possam desviar delas.

  - Os idosos devem ser orientados a se desviarem das bolas altas abaixando, e das bolas baixas ou rasteiras, saltando com os dois pés ou dando um passo largo, a depender da condição física e motora em que se encontram. As bolas não devem ser lançadas com muita velocidade. Pode-se estabelecer um tempo para a atividade ou, simplesmente, brincar até que os participantes queiram.

Nessa atividade são trabalhadas algumas habilidades e capacidades, como tempo de reação, coordenação motora, equilíbrio, agilidade e raciocínio.

- **Variações e adaptações**:

  - Pode-se deixar que as bolas sejam lançadas de modo rasteiro e uma corda seja passada de um lado para o outro da quadra, devagar, representando outro obstáculo. Dessa maneira, os participantes teriam que prestar atenção para desviar da corda, abaixando das bolas ou saltando-as.

  - Caso se tenha um grande número de participantes, essa atividade pode ser realizada em círculo. Solicita-se que os participantes façam dois círculos concêntricos (um dentro e outro fora), com um número igual de idosos. Os participantes que estiverem no círculo de fora ficarão com a posse das bolas e deverão fazer os lançamentos, rasteiros e por cima, para os colegas do outro lado, para que os participantes de dentro do círculo, que deverão estar parados, possam desviar. É importante lembrar os idosos de que esses lançamentos não devem ser realizados com muita velocidade.

Figura 9.3 – *Up and down*.

Referências

DIAS, V. K.; SCHWARTZ, G. M. *Considerações sobre o lazer de idosos*: inclusão ou exclusão? In: Encontro Nacional de Recreação e Lazer, 16., 2004, Salvador. *Anais...* Salvador: UFBA, 2004. CD-ROM.

LEMOS, A. *Cibercultura*: tecnologia e vida social na cultura contemporânea. 6. ed. Porto Alegre: Sulina, 2015. (Coleção Cibercultura).

NASCIMENTO, A. M. et al. Experiência subjetiva de idosas durante exercício em ambiente virtual. *Motriz: Revista de Educação Física - UNESP*, Rio Claro, v. 19, n. 3, p. S68-S75, jul./set. 2013. Suplemento.

ULTRADOWNLOADS. *Sokoban*. 2010. Disponível em: <http://ultradownloads.com.br/jogo-online/Raciocinio/No-Lugar-Certo/>. Acesso em: 07 out. 2013.

UNIVERSONEO. *Aib!* Disponível em: <http://www.universoneo.com.br/infantil/index.php?task=view&id=128>. Acesso em: 01 out. 2013a.

UNIVERSONEO. *Sapo na lagoa*. Disponível em: <http://www.universoneo.com.br/infantil/index.php?task=view&id=124>. Acesso em: 14 out. 2013b.

Parte 4:

Webgames com o corpo em diferentes ambientes — Cenário corporativo/empresas

10 Webgames aplicados em convenções

Cleber Mena Leão Junior
Tiago Aquino da Costa e Silva (Paçoca)

O cenário corporativo, recentemente, ganhou dinâmicas que oportunizam o estreitamento das relações cognitivas, motoras e socioafetivas, por meio de atividades lúdicas, dinâmicas de grupo, jogos e brincadeiras, sejam eles tradicionais, competitivos, cooperativos ou contemporâneos.

Essas vivências estão sendo introduzidas no contexto empresarial, sobretudo durante as convenções. Para Silva, Costa e Gonçalves (2010), entre um compromisso e outro, as convenções e os eventos empresariais reservam um nobre espaço para a vivência de dinâmicas de grupo, que apresentam, entre outros, os objetivos de integração, motivação e socialização.

Entre os tipos de dinâmicas envolvidas nas convenções estão aquelas breves, mas eficientes, que acontecem justamente nos intervalos entre palestras e outros compromissos, visando quebrar a rígida estrutura convencional do ambiente corporativo. Nesse sentido, destacam-se os jogos e as brincadeiras contemporâneas, sobretudo os que envolvem a utilização de jogos eletrônicos.

De acordo com Leão Junior (2013), essas atividades referentes à utilização dos jogos eletrônicos são, geralmente, utilizadas como ferramentas interativas, com objetivo educacional, sejam os jogos eletrônicos de *video games*, computadores, *tablets* ou celulares, e podem ser vivenciadas individualmente ou em grupo.

Uma estratégia que pode ser inserida no contexto das convenções é "[...] transpor as atividades dos jogos eletrônicos para as atividades práticas, com o objetivo de utilizar os jogos eletrônicos como fator motivacional para a realização das atividades práticas." (Leão Junior, 2013, p. 27).

No entanto, como Schwartz et al. (2013) enfatizam, utilizaremos a transposição ou a adaptação das atividades sugeridas nos jogos eletrônicos para vivências práticas com o corpo, caracterizando-os como *webgames* com o corpo. Essas atividades podem receber objetivos determinados, conforme as necessidades do ambiente corporativo, para, assim, tornar uma convenção, mais atrativa e voltada para a rápida conectividade exigida pelo mundo corporativo.

Tal ambiente, ainda que denote formalidade/produtividade, não pode perder o foco na criatividade/descontração, pois, dessa forma, podem-se criar novas ações e ampliar as possibilidades de aprimoramento e qualidade nas relações estabelecidas.

Uma vez que os participantes estiverem imersos nesses ambientes estimulantes, Leão Junior (2013) e Silva, Costa e Gonçalves (2010) concordam que os aspectos cognitivos, socioafetivos e motores requisitados com os *webgames* favorecem novas reflexões acerca dos elementos envolvendo a cooperação, a relatividade de vitórias e derrotas e a valorização do espírito de equipe.

Conforme esses autores, a prática dos *webgames* pode estimular os seguintes aspectos psíquicos: o desenvolvimento da autoestima e da motivação, a diminuição da dificuldade de se expor perante um grupo, além de permitir a reflexão sobre as conquistas e as dificuldades da vida. Já nos aspectos motores, estimula habilidades e competências biomotoras e o desenvolvimento de novas experiências corporais. No aspecto socioafetivo, pode promover a aceitação do gênero oposto nas atividades, maior participação em atividades grupais do que em individuais, facilitando a interação, integração e socialização das pessoas participantes.

As características de uma convenção ressaltam a necessidade de atividades rápidas e marcantes, capazes de aprimorar relacionamentos interpessoais ou de preparar a equipe para lidar com determinadas exigências e tarefas da empresa. Sendo assim, ressalta-se que a utilização da proposta aqui abordada visa colaborar com a integração, socialização e a busca de um resultado em equipe, para resolver determinado problema proposto pelos jogos descritos neste capítulo.

10.1 Descrição dos jogos e adaptações

10.1.1 Bola na caçapa

- **Nome do jogo original**: *Mini Pool*.

- **Fonte**: <http://www.freeonlinegames.com/game/mini-pool>.

- **Descrição do jogo**: o objetivo do jogo é encaçapar todas as bolas antes que o tempo escrito nelas se esgote. Comece pelo envasamento da bola cor-de-rosa. Como ela tem o menor número de segundos, é melhor se livrar dessa bola primeiro. Em seguida, uma a uma, você deve encaçapar as bolas vermelhas antes que o tempo se esgote. Existem muitos níveis para jogar e completar. Cada nível apresenta uma melhor formação ou *layout* do que os níveis anteriores.

- **Nome adaptado**: Bola na caçapa.

- **Objetivo**: os jogadores, de forma cooperativa, devem encaçapar a bola em alguma das casas.

- **Faixa etária**: adultos.

- **Recursos materiais**: um lençol médio com círculos recortados (caçapas) e bolinhas de tênis ou de plástico.

- **Duração**: 2 minutos.

- **Desenvolvimento**: em cada lençol, poderão participar até seis jogadores. A bola será solta no centro do lençol e os jogadores, de forma coletiva, deverão encaçapar a bolinha em uma das casas. É fundamental o trabalho de equipe para alcançar o objetivo proposto na atividade.

- **Variações e adaptações**: os jogadores das equipes podem ser trocados a cada rodada. A cada bola encaçapada, os participantes realizarão um rodízio das suas posições. Pode-se colocar um participante para tentar atrapalhar os outros, tornando, assim, um fator de dificuldade externa para a realização do objetivo do jogo, que é encaçapar a bola. Pode-se colocar uma bola preta entre outras cinco coloridas por exemplo, e esta deverá ser a última a ser encaçapada.

Figura 10.1 – Bola na caçapa.

10.1.2 O transportador

- **Nome do jogo original**: *Skywire 2*

- **Fonte**: <http://jogosonlinegratis.uol.com.br/jogoonline/jogos-cooperativos/>.

- **Descrição do jogo**: o jogador estará em um teleférico e precisará da ajuda de todos os passageiros para que, de forma conjunta, eles consigam mover mais rápida ou lentamente o seu teleférico, a fim de evitar colisões com obstáculos que surgirem pelo caminho. Contudo, os passageiros do teleférico não farão nada sozinhos, pois quem terá total controle sobre o jogo será o jogador e, se quiser, ainda poderá convidar um amigo e dividir a tela para jogar. Seu objetivo é muito simples: levar o teleférico com todos os passageiros até o final da fase, sem bater em nenhum dos obstáculos ou deixar algum dos passageiros cair.

- **Nome adaptado**: O transportador.

- **Objetivo**: os jogadores divididos em equipes e de forma cooperativa devem transportar o objeto até o objetivo final.

- **Faixa etária**: adultos.

- **Recursos materiais**: canos de PVC (30 cm) com o corte longitudinal (um para cada participante), baldes e bolinhas de tênis ou de plástico.

- **Duração**: 2 minutos.

- **Desenvolvimento**:
  - A uma distância de 10 m dos participantes ficará um balde, que é o objetivo final. As duas equipes (ou mais), simultaneamente, iniciam a atividade, com o objetivo de transportar uma bola, que representará o seu objetivo, meta, produto etc., por todos os canos, e cada integrante da equipe terá um cano

em suas mãos. Eles devem encaixá-los, com o intuito de formar um caminho para que a bola passe, até chegar ao balde, sem que ela caia no chão. Caso isso ocorra, a equipe deverá retornar ao ponto de partida e iniciar tudo novamente, pois uma ação mal planejada fará que o projeto se inicie do zero.

- É fundamental que haja obstáculos no meio do percurso, a fim de representar algumas adversidades do dia a dia e, dessa forma, tornar o trabalho em equipe ainda mais solicitado, para solucionar o objetivo proposto na atividade. Caso não seja possível ter um cano para cada participante, os jogadores das equipes podem ser trocados a cada rodada, para utilizar o material.

- **Variações e adaptações**: pode-se manipular o cano com apenas uma das mãos, enquanto a outra fica no bolso ou nas costas. Também, para estimular a competitividade entre equipes, pode-se cronometrar o tempo de cada equipe para o cumprimento da atividade. Em outro momento, coloca-se todos os participantes para realizar o objetivo em comum, aumentando a distância do ponto onde deve-se colocar a bola. Após uma rodada, pode-se realizar novamente a atividade, com o objetivo de diminuir seu tempo de realização.

Figura 10.2 – O transportador.

10.1.3 Missão in-possível

- **Nome do jogo original**: *Spectro Destroyer*.

- **Fonte**: <http://clickjogos.uol.com.br/Jogos-online/Tiro/Spectro-Des-troyer/>.

- **Descrição do jogo**: destrua monstros e libere estágios de uma maneira diferente. Em vez de atirar diretamente nos personagens, você vai ter de atirar em espelhos que refletirão o raio capaz de eliminá-los, acabando com todos para abrir a porta de saída.

- **Nome adaptado**: Missão in-possível.

- **Objetivo**: os jogadores, divididos em equipes e de forma cooperativa, deverão posicionar-se pelo local e desferir o raio *laser* entre os espelhos, até chegar no alvo.

- **Faixa etária**: adultos.

- **Recursos materiais**: 1 *laser*, 5 espelhos e 1 alvo para cada equipe.

- **Duração**: 5 minutos.

- **Desenvolvimento**:
  - O alvo ficará a uma distância de 10 m dos participantes, e deverá ser iluminado pelo raio *laser*. As duas equipes (ou mais), simultaneamente, iniciam a atividade, com o objetivo de iluminar o alvo, mas o raio deverá passar por todos os espelhos, até chegar ao alvo.

  - É interessante que a luz do ambiente esteja baixa (se possível, utilizar uma máquina de fumaça no local, assim, o raio *laser* ficará mais vibrante e dará uma ótima visibilidade no ambiente da atividade). Caso não tenha material suficiente para todos os participantes, os jogadores das equipes podem ser trocados a cada rodada, para utilizar o material disponível e, assim, premiar a equipe que realizar a atividade em menor tempo.

- **Variações e adaptações**: utilizando um *laser* e vários espelhos, todos os participantes deverão, em grupo, e ao som da música tema do filme *Missão Impossível*, fazer o raio passar por todos os espelhos até atingir o objetivo.

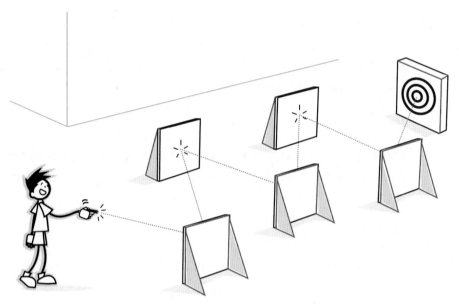

Figura 10.3 – Missão in-possível.

Referências

Click Jogos. *Spectro Destroyer*. 2009. Disponível em: <http://clickjogos.uol.com.br/Jogos-online/Tiro/Spectro-Destroyer/>. Acesso em: 20 set. 2013.

Free Online Games. *Mini Pool*. 2013. Disponível em: <http://www.freeonlinegames.com/game/mini-pool>. Acesso em: 20 set. 2013.

Jogos Online Gratis. *Skywire 2*. 2012. Disponível em: <http://jogosonlinegratis.uol.com.br/jogoonline/jogos-cooperativos/>. Acesso em: 20 set. 2013.

Leão Junior, C. M. *Manual de Jogos e Brincadeiras*: atividades recreativas para dentro e fora da escola. Rio de Janeiro: Wak Editora, 2013.

Schwartz, G. M. et al. Apropriação das tecnologias virtuais como estratégias de intervenção no campo do lazer: os *webgames* adaptados. *Licere - Revista do programa de pós-graduação interdisciplinar em estudos do lazer/UFMG*, Belo Horizonte, v. 2, n. 1, p. 1-26, set. 2013.

Silva, T. A.; Costa, T. A.; Gonçalves, K. G. F. *Manual de lazer e recreação*: o mundo lúdico ao alcance de todos. São Paulo: Phorte, 2010.

11 Webgames aplicados em treinamentos indoor

Ana Paula Evaristo Guizarde Teodoro

No ambiente corporativo, é possível evidenciar a ocorrência de treinamentos periodicamente, seja para o aprimoramento das funções de cada funcionário ou setor, para o estreitamento das relações internas, para o fortalecimento de ações que vêm dando certo ou mesmo para a ampliação de cursos de capacitação para as áreas envolvidas. Para Schröeder et al. (2005), o treinamento pode vir a ter resultado em curto prazo, diferentemente de estratégias de desenvolvimento, cujos resultados são geralmente em longo prazo.

Algumas atividades corporais já conquistaram o espaço no âmbito corporativo como, por exemplo, a ginástica laboral, mas sua inserção no ramo de atividade envolvendo treinamentos corporativos ainda está em crescimento. Ao se elaborar um programa de ginástica laboral, o profissional atuante nesse segmento detecta fatores indispensáveis para que a implantação efetivamente dê certo, além de identificar os fatores críticos, para, assim, subsidiar suas ações (Bastos e Gutierrez, 2013).

Durante os treinamentos corporativos, também se faz necessário não somente o planejamento, mas levar em conta os aspectos indissociáveis na empresa, como os principais problemas, o ramo de atividade, a composição dos setores, entre outros aspectos relevantes para fomentar todo o planejamento.

As aulas de ginástica laboral, geralmente, são compostas por atividades que envolvem aquecimento, alongamento, relaxamento e fortalecimento muscular; contudo, já é possível evidenciar que alguns profissionais utilizam os jogos e as brincadeiras como recursos motivacionais durante as atividades (Tanil, 2013), seja para sair da rotina, ou mesmo, integrando mais o grupo.

Assim como na ginástica laboral, essas estratégias lúdicas podem representar diferenciais interessantes no contexto dos treinamentos empresariais ou corporativos, haja vista seu potencial motivacional. Sendo assim, uma das possibilidades de inserção de jogos nesse ambiente é referente à utilização dos *webgames* com o corpo, durante os treinamentos *indoor* em empresas. Essa ideia se justifica tendo em vista o vasto repertório de jogos disponibilizados na *internet*, os quais podem ser adaptados para utilização com objetivos específicos, dentro do contexto corporativo.

Nesse sentido, serão apresentados, a seguir, três jogos, escolhidos intencionalmente em *sites* da *internet* e devidamente adaptados para o trabalho em treinamentos *indoor* no âmbito corporativo.

11.1 Descrição dos jogos e adaptações

11.1.1 Bolas ao ar

- **Nome do jogo original**: *Fruit* ninja

- **Fonte**: <http://www.papajogos.com.br/jogo/fruit-ninja.html>.

- **Descrição do jogo**: O *Fruit* ninja é um jogo que utiliza o *mouse* para a realização do comando. O objetivo é cortar frutas que são lançadas ao ar. Ao passar o *mouse* sobre a fruta, ela é cortada ainda no ar, por uma espada de ninja, e é pontuado o número de acertos. Durante o lançamento, porém, podem aparecer bombas, devendo o jogador ter cuidado para não passar o *mouse* sobre elas. Deve-se ter agilidade para não deixar cair três frutas sem estarem cortadas e habilidade para não encostar o *mouse* sobre as bombas.

- **Nome adaptado**: Bolas ao ar.

- **Objetivo**: derrubar as bolas que representam as frutas ao chão, com um golpe, e agarrar as bolas que representam as bombas, sem deixá-las cair ao chão.

- **Faixa etária**: adultos.

- **Recursos materiais**: serão utilizadas bolinhas de duas cores diferentes, de forma que uma cor represente as frutas e a outra cor represente as bombas. A quantidade de bolas será de acordo com o número de participantes, e cada indivíduo da equipe que lançará as bolas terá pelo menos duas bolas em mãos. O tamanho da bola pode variar, mas sugere-se bolas de tênis. Para a atividade ficar mais dinâmica, seria interessante ter mais bolas representando as frutas do que bolas representando as bombas; por exemplo, para cada 5 bolas azuis (frutas), 1 bola amarela (bomba). O mesmo número total de bolas utilizadas por uma equipe deverá ser utilizado pela outra equipe, no momento da inversão dos papéis. Outro material necessário para a realização do jogo é um tecido escuro ou papel do tipo pardo grande, que formará um painel, que será colocado entre as duas equipes para que uma não possa ver a outra. Será utilizada fita adesiva fixada a 2 m do painel, em ambos os lados, conforme ilustra a Figura 11.1.

- **Duração**: aproximadamente 10 minutos.

- **Desenvolvimento**:
  - Primeiramente, será solicitada a divisão do grupo em duas equipes, de forma que a primeira somente lançará as bolas e a segunda executará os movimentos do jogo para contagem dos pontos; depois, invertem-se os papéis.
  - As equipes estarão uma de frente para a outra, com os participantes em coluna, separadas por um painel em tecido escuro ou papel pardo, sem

que uma equipe possa ver a outra. Ambas deverão estar ao menos 2 m distantes do painel. Pode ser destacada no chão uma linha, por meio de uma fita adesiva, evidenciando a distância limite para que os membros da equipe não avancem para além do permitido.

- O lançamento das bolas terá início ao comando do instrutor, e deverá ser realizado um rodízio entre os membros da mesma equipe, tanto para os que irão lançar as bolas quanto para os que irão derrubá-las ou agarrá-las. Assim que o primeiro lançar a bola para outra equipe, ele deverá ir para o fim da coluna de sua própria equipe, e o que derrubar ou agarrar a bola deverá fazer o mesmo na sua, realizando, assim, o rodízio, conforme a Figura 11.1. Isso deverá ocorrer para que o jogo se torne dinâmico, e as bolas sejam lançadas continuamente.

- Assim que o primeiro da coluna lançar a bola, o primeiro da outra equipe, rapidamente, identificará, pela cor da bola, se deverá derrubá-la ou agarrá-la. Se a cor da bola for correspondente à fruta, ele deverá dizer "iá" e fazer um movimento parecido com o karatê, com a mão encostando na bola e derrubando-a no chão. Caso a cor da bola corresponda à bomba, o participante deverá agarrar a bola, sem deixá-la cair ao chão. Na sequência, ambos correm para o fim da coluna, dando lugar ao segundo e, assim, sucessivamente.

- Cada lançador deverá arremessar duas vezes, com as duas bolas que terá direito, a cada vez que passar como primeiro da coluna de sua equipe. Ao término, serão contados os pontos, e vence a equipe cujos pontos sejam superiores aos da outra. Para cada bola derrubada ou agarrada, será considerado 1 ponto.

- O ponto somente será válido quando, realmente, o participante encostar na bola para derrubá-la. O instrutor deverá explicar para a equipe que esta deve lançar a bola o mais alto possível, para que a outra equipe possa ter tempo hábil de realizar o movimento.

Como se trata de um jogo destinado a treinamentos *indoor* em empresas, o mesmo poderá ser contextualizado ao término da atividade, com base em uma conversa com os participantes, ressaltando a importância do trabalho em equipe, o papel de cada um dentro do setor, representado no jogo pelas equipes. Além disso, pode ser destacada a importância de se seguir regras, bem como as estratégias adotas pelo grupo, e, no jogo, por exemplo, a escolha da ordem das bolas, frutas ou bombas talvez seja decisiva para a obtenção de um resultado favorável à equipe.

- **Variações e adaptações**:
  - Essa atividade poderá ser adaptada para qualquer idade, podendo ser aplicada em outros ambientes, como escolas, parques e clubes. Para que a atividade fique mais dinâmica, pode ser solicitado à equipe lançadora que os lançamentos sejam mais rápidos, ou mesmo, mais baixos, exigindo mais agilidade da outra equipe. Outro exemplo de variação pode ser a realização em duplas, sem a utilização do painel, de forma que cada participante deverá ficar um de frente para o outro. O lançador deverá ter em mãos 3 bolinhas, sendo 2 com a mesma cor, representando as frutas, e 1 de cor diferente, representando a bomba.

  - O tamanho da bola deverá ser menor ou igual a uma bola de tênis, pois o lançador deverá conseguir segurá-la, ao mesmo tempo, com as mãos para trás, sem que o adversário possa vê-la. O lançador deverá jogar as bolas consecutivamente para o jogador adversário, e este deverá fazer o mesmo movimento exigido no jogo original proposto.

  - Deverá ser mantida uma distância de 2 m entre os dois jogadores. Depois, invertem-se os papéis, vencendo o que mais pontuar. A pontuação também deverá ser realizada como a descrita anteriormente, no jogo original proposto. Poderá ser indicado um desafio, do tipo, melhor de 3 partidas ou melhor de 5, em que, a cada partida, pode ser aumentada a velocidade do lançamento das bolas, uma vez que os jogadores já estariam mais familiarizados com o jogo.

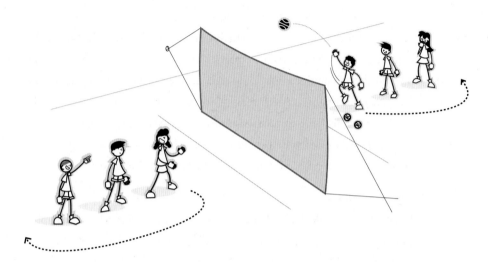

Figura 11.1 – Bolas ao ar.

11.1.2 Pesca em parceria

- **Nome do jogo original**: Pescaria.

- **Fonte**: <http://clickjogos.uol.com.br/jogos/pescaria/>.

- **Descrição do jogo**: o jogo denominado Pescaria é caracterizado como um jogo de habilidade, e consiste em um barquinho com um pescador, no qual, por intermédio das setas do teclado do computador, o jogador consegue movimentar o barco para direita ou para a esquerda. O pescador tem uma vara com linha e anzol e, também pelas setas do teclado do computador, o jogador pode movimentar a linha com o anzol para cima ou para baixo, em direção aos peixes que circulam no fundo do rio. Quando o jogador consegue pescar um peixe, abre-se na tela um relógio com cronômetro regressivo, indicando o tempo restante para a retirada do peixe do rio. O jogador precisa ser rápido para retirar o peixe da água, caso contrário, após esgotar o tempo, o peixe foge. Os pontos serão somados em relação ao peso de peixes pescados. Para cada tipo de peixe, existe um peso correspondente. Quanto maior e mais pesado o peixe, mais difícil será retirá-lo da água.

- **Nome adaptado**: Pesca em parceria.

- **Objetivo**: o objetivo do jogo é pescar um peixe, seguindo as orientações de um parceiro.

- **Faixa etária**: adultos.

- **Recursos materiais**: será necessário utilizar uma vara de bambu, barbante, arame, papelão, canetões coloridos e fita adesiva. A varinha de bambu deverá ser leve, poderá ser comprada pronta em lojas de artigos esportivos ou adaptada, como, utilizando 3 varetas de bambu próprias para pipa, unidas por fita adesiva. A linha da vara será representada por um barbante, que deverá ser amarrado na ponta da vara e, na outra extremidade do barbante, deverá ser amarrado o anzol adaptado. O anzol deverá ser feito por arame e ser de tamanho grande, tendo em vista a dificuldade de se conseguir pescar o peixe durante o jogo. Também será utilizado um peixe, confeccionado de papelão, pintado com canetões coloridos e com uma argola de arame, fixada com fita adesiva próxima ao desenho da boca do peixe.

- **Duração**: o tempo para a realização do jogo varia de acordo com cada participante, aproximadamente de 2 a 5 minutos.

- **Desenvolvimento**: cada dupla terá uma vara de pescar e um peixe. Um jogador deverá ser o pescador e o outro o instrutor, depois, invertem-se os papéis. Um jogador deverá estar distante pelo menos 2 metros do outro. O peixe deverá estar no chão, com a argola virada para cima, posicionado entre os dois jogadores. O pescador só poderá olhar para o instrutor e nunca para o peixe do chão. O instrutor, por sua vez, deverá orientar o pescador, por sinais, sobre a direção que deverá conduzir a vara, para direita ou esquerda, para baixo ou para cima. Não pode ser estabelecida qualquer comunicação verbal, sendo permitida somente comunicação gestual. Pode ser cronometrado o tempo que cada jogador levou para conseguir pescar o peixe. Nesse jogo, pode-se trabalhar a questão da comunicação dentro da empresa, mostrando o quanto ela é importante. Os participantes, diante da não comunicação verbal, geralmente sentem dificuldade durante o jogo, e isso acaba gerando incômodo, falta de paciência para terminar a tarefa e, até mesmo, conflitos entre os jogadores. Por outro lado, fazendo uma analogia com o trabalho, essa situação pode vir a ocorrer durante sua atividade diária, como a falta de comunicação na empresa que, em muitos casos, gera os mesmos problemas ocorridos durante o jogo.

- **Variações e adaptações**: esse jogo poderá também ser realizado utilizando-se, em vez do gesto do instrutor, placas com os desenhos de setas, indicando direita e esquerda, para baixo e para cima. Outro exemplo de adaptação seria fazer a vara de pescar um pouco menor e, com isso, as duplas ficariam sentadas no chão, e o pescador, vendado, tentaria pescar o peixe somente ouvindo as orientações do instrutor. Nesse caso, uma única vareta seria suficiente.

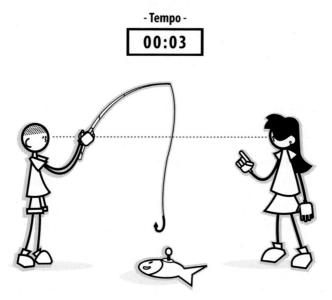

Figura 11.2 – Pesca em parceria.

11.1.3 Os sete passos da venda

- **Nome do jogo original:** Sete passos.

- **Fonte:** <http://www.minijogos.com/jogo-sete-passos.html#game-play>.

- **Descrição do jogo**: é um jogo de raciocínio, em que o jogador, caracterizado por um boneco, deve percorrer blocos, até chegar a um baú, conseguindo, assim, pegar o tesouro. Durante o percurso, o jogador deverá passar por, no mínimo, 7 blocos, e as setas do teclado do computador servirão para direcionar o caminho a ser percorrido pelo boneco, sendo, para direita ou esquerda, para baixo ou para cima. No trajeto, dependendo da fase, poderão aparecer obstáculos ou premiações, que deverão ser evitadas ou apanhadas. A cada tesouro conquistado, uma nova fase mais difícil do jogo se inicia.

- **Nome adaptado**: Os sete passos da venda.

- **Objetivo**: a equipe deve conseguir passar por sete fases do jogo no menor tempo possível.

- **Faixa etária**: adultos.

- **Recursos materiais**: giz ou fita adesiva, cronômetro, caixa decorada representando um baú, cones, que representarão os obstáculos, e bolas, que representarão premiações.

- **Duração**: aproximadamente 30 minutos, mas varia de acordo com os participantes.

- **Desenvolvimento**:
  - Antes do início do jogo deverão ser fixados ao chão os modelos de trajeto de cada fase do jogo, como se fosse um tabuleiro, previamente desenhado com giz ou fita adesiva, distantes um do outro pelo menos 2 m.

- O jogo contém sete fases, em que cada fase deverá ser representada por um tabuleiro diferente, composto de quadriculados, como se fossem blocos para serem ultrapassados. Para cada fase existirá um tabuleiro diferente.

- O grupo deverá ser dividido em duas equipes e cada membro – ou mais pessoas, dependendo da quantidade de jogadores por equipe – deverá ficar responsável por uma dentre as sete fases, e isso deverá ser estabelecido pela equipe antes do início do jogo.

- Uma equipe de cada vez deverá realizar o trajeto, sendo necessário cronometrar o tempo total gasto por cada equipe para terminar todas as fases. A equipe que terminar as sete fases em menor tempo ganhará 5 pontos, e a que ficar em segundo lugar, ganhará 3 pontos.

- Os próprios jogadores serão as peças do jogo, representando o boneco, percorrendo o trajeto até chegar ao baú, o qual, teoricamente, vai estar repleto de ouro, previamente colocado em um bloco distante do boneco.

- No tabuleiro de cada fase existem brindes que podem ser recolhidos ou não durante o percurso, a critério do jogador. Cada brinde recolhido deverá valer 2 pontos e, ao término de todas as fases, deverão ser somados os pontos dos brindes recolhidos aos pontos que cada equipe conquistou, de acordo com a colocação, com base no tempo utilizado para a realização das sete fases. Também poderão existir objetos que representarão barreiras, impossibilitando o jogador de passar por aquele bloco, especificamente. Cabe ao jogador escolher o melhor caminho para chegar ao baú.

- O tabuleiro poderá ser desenhado no chão, sendo o boneco representado por um círculo, de onde o jogador deverá iniciar; os brindes serão representados por uma estrela, o baú por um "X" e as barreiras por um triângulo. Vencerá a equipe que, na somatória dos pontos, tiver o maior valor.

- Durante a explicação das regras, o instrutor poderá simular o jogo como as fases das vendas em uma empresa, nomeando cada fase de acordo com os sete passos da venda, conforme salienta Chagas (2012). De acordo com esse autor, as sete fases da venda são: a prospecção, a abordagem inicial, o planejamento da solução, a preparação e a apresentação da proposta, negociando e superando objeções, o fechamento e o pós-venda. Por intermédio do jogo, é possível destacar a importância da venda e o papel da equipe, para que todas as fases da venda sejam possíveis de serem exercidas em conjunto.

- **Observações:** para cada fase, o jogador deverá obrigatoriamente passar por 7 blocos antes de chegar ao baú. Os blocos que contêm brindes não poderão ser contados no caminho até o baú. Caso o jogador conte errado ou siga por um caminho que não chegará ao baú, será preciso reiniciar de onde começou e perderá 1 ponto para cada vez que reiniciar. Uma vez que o jogador seguiu por 1 bloco, ele não poderá pisar novamente naquele bloco; portanto, caso fique "sem saída", deverá reiniciar também, de onde começou, perdendo 1 ponto.

- **Variações e adaptações:** este jogo poderá ser adaptado para salas de reuniões, em que cada equipe deverá receber as sete fases, com seus respectivos tabuleiros, previamente impressos em folhas separadas. Cada equipe deverá preencher o papel numerando os blocos na sequência escolhida, até chegar ao baú. Nesse caso, a pontuação adotada será a mesma do jogo original adaptado, mas não possibilita o retorno na mesma fase, caso a escolha do trajeto não tenha chegado ao baú. Portanto, caso ocorra algum erro em uma das fases, a mesma fase deverá ser cancelada e a equipe perderá 1 ponto por fase não completada. Não deverão ser aceitas folhas com rasuras. Vence a equipe que obtiver a maior pontuação.

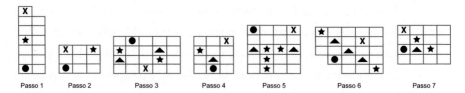

Figura 11.3 – Modelos de tabuleiros.

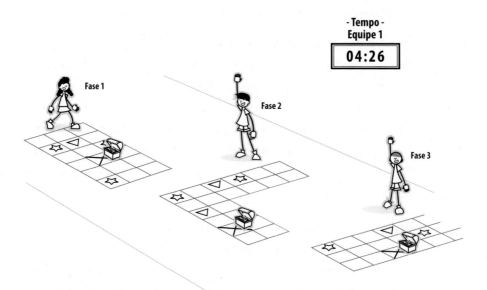

Figura 11.4 – Os sete passos da venda.

Referências

Bastos, R. L.; Gutierrez, G. L. Ginástica laboral como proposta para qualidade de vida: avaliação de projetos e fatores críticos de sucesso. *Conexões*, Campinas, v. 11, n. 2, p. 208-22. abr./jun. 2013. Disponível em: <http://fefnet178.fef.unicamp.br/ojs/index.php/fef/article/view/988/pdf>. Acesso em: 10 out. 2013.

Chagas, R. *Os sete passos da venda*. 2012. Disponível em: <http://www.empreenderparatodos.com.br/os-sete-passos-da-venda/>. Acesso em: 22 out. 2013.

Click Jogos. *Pescaria.* 2013. Disponível em: <http://clickjogos.uol.com.br/jogos/pescaria/>. Acesso em: 25 set. 2013.

Mini Jogos. *Sete passos.* Disponível em: <http://www.minijogos.com/jogo-sete--passos.html#game-play>. Acesso em: 14 out. 2013.

Papa Jogos. *Fruit ninja.* 2012. Disponível em: <http://www.papajogos.com.br/jogo/fruit-ninja.html>. Acesso em: 12 set. 2013.

Schröeder, C. S. et al. Sistemas de treinamento corporativo virtual: definindo critérios e indicadores de avaliação. *REAd,* Porto Alegre, v. 11, n. 1, p.1-24. jan./fev. 2005. Disponível em: <http://www.seer.ufrgs.br/read/article/view/40697/25886>. Acesso em: 22 out. 2013.

Tanil, A. S. F. *Dinâmicas lúdicas para os programas de ginástica laboral.* Petrópolis: Vozes, 2013.

12 Webgames aplicados na ginástica laboral

Nara Heloisa Rodrigues

Leandro Jacobassi

Com a modernidade, a industrialização e os avanços tecnológicos, a rotina de trabalho vem sofrendo adaptações, pois o esforço humano reduzido e a sua condição cada vez mais sedentária implicaram a limitação de movimentos, em que os colaboradores têm cada vez menos tempo para praticar atividade física.

Longas jornadas de trabalho são estabelecidas, e os indivíduos, desde operários até empresários, passam praticamente o dia todo dentro de um ambiente propício ao aumento do nível de estresse, desgaste físico e cognitivo, dentre outros fatores que contribuem negativamente para a saúde (Dias et al., 2006).

Como tentativa de solucionar esse problema, tendo em vista que a prática de exercícios físicos é fundamental para a saúde, especialmente no âmbito empresarial, a Ginástica Laboral (GL) tornou-se uma alternativa de combate a esses problemas.

A GL consiste na prática coletiva de exercícios durante a jornada de trabalho, cujo objetivo principal é a prevenção de doenças ocupacionais (Maciel et al., 2005). Geralmente, a GL é realizada nos próprios locais de trabalho ou em locais próximos, com uma frequência de três vezes por semana ou diariamente, sendo de curta duração.

Segundo Martins e Duarte (2000), a GL pode auxiliar na correção de vícios posturais, na prevenção de fadiga muscular e na melhora da disposição no trabalho, proporcionando melhores condições para as diversas funções corporativas, além de ampliar e melhorar as relações interpessoais e promover maior qualidade de vida. Esses fatores, por consequência, podem implicar a redução do número de acidentes de trabalho, a diminuição de pedidos de afastamento por motivos de saúde e, ainda, interferir no aumento da produtividade na empresa (Oliveira, 2007).

A GL também pode ser realizada de diferentes formas, as quais variam de acordo com o objetivo e o momento do expediente (horário do dia) em que ela é proposta (Mendes e Leite, 2012). Desse modo, tal atividade pode ser subdividida em três etapas: *preparatória* (preparação para a jornada de trabalho), *compensatória* (pausa durante a jornada de trabalho) e de *relaxamento* (relaxamento após a jornada de trabalho) (Militão, 2001; Oliveira, 2007; Resende et al., 2007).

Além dos exercícios tradicionais utilizados na GL, como os alongamentos, são recorrentes, também, as atividades nas quais o lúdico é enfatizado, referentes à manifestação humana dos "[...] significados da/na cultura elencada no brincar consigo, com o outro e no contexto [...]" (Gomes, 2004, p. 145), podendo colaborar com a emancipação dos sujeitos. Essas atividades são propostas por meio de dinâmicas, danças, recreação e jogos, no intuito de realizar propostas diferentes daquelas tradicionais, que, muitas vezes, podem, até mesmo, transformar-se em momentos pouco atrativos ou entediantes, contribuindo para a desistência dos colaboradores.

Alguns estudos demonstram maiores benefícios e eficiência das aulas de GL quando o elemento lúdico é enfatizado como foco central da aula (Bertoldo, 2010; Dias et. al., 2012). Isso ocorre pelo fato de que esse elemento pode representar uma ferramenta motivacional na aderência e na permanência a tais programas e, portanto, pode proporcionar resultados mais eficientes para a vida dos praticantes da

GL, como maior integração entre os colaboradores, melhor nível de socialização e melhora na qualidade de vida (Dias et al., 2012).

Bertoldo (2010) também salienta que a inserção de atividades lúdicas propicia maior satisfação na prática da GL e um ambiente de trabalho mais descontraído, com maior confiança entre os colaboradores, o que pode favorecer, ainda, a restauração de alguns valores, como o respeito ao próximo, a coletividade e o autocontrole.

Considerando a crescente utilização das tecnologias no cotidiano da vida humana, a GL tradicionalmente utilizada por muitas empresas pode ser proposta de modo mais atraente e lúdico aos participantes, de maneira inovadora e diversificada, com a utilização de aparatos tecnológicos e de estratégias como os *webgames*.

Como a jornada de trabalho geralmente está associada à grande utilização de computadores e tecnologias cada vez mais sofisticadas, a GL, com o intuito de fugir das atividades que geralmente estão relacionadas a pequenas movimentações e ao sedentarismo, pode proporcionar um momento em que o colaborador possa realizar atividades práticas e movimentar o corpo todo, com base nos estímulos advindos das tecnologias virtuais.

Assim como os jogos tradicionais, recreativos e lúdicos já são, paulatinamente, propostos na GL, os *webgames* com o corpo podem representar mais uma alternativa para diversificar esse momento de pausa e descontração na jornada de trabalho. Nesse sentido, seguem algumas sugestões de atividades.

12.1 Descrição dos jogos e adaptações

12.1.1 Snake com obstáculo

- **Nome do jogo original**: *Snake.*

- **Fonte**: <http://www.clickjogos.com.br/Jogos-online/Acao-e-Aventura/Snake/>.

- **Descrição do jogo**: o jogo *Snake* é clássico e conhecido por ter sido um dos principais jogos dos primeiros celulares, além da disponibilidade de jogar via internet na época. Nesse jogo, o jogador controla uma cobrinha virtual, por meio das teclas direcionais do teclado, tendo o objetivo de capturar pontos localizados na tela, que por sua vez são incrementados ao comprimento da cobra, o que torna o jogo mais difícil, já que as únicas regras são que a cabeça da cobra não entre em colisão com o restante do seu corpo e que a cobra não esbarre na parede.

- **Nome adaptado**: *Snake* com obstáculo.

- **Objetivo**: a cobra deve "capturar" todos os colegas participantes da atividade, posicionados em diferentes pontos do espaço (sala, espaço aberto, galpão ou outros), passando por todos os obstáculos.

- **Faixa etária**: Adultos/colaboradores de empresas.

- **Recursos materiais**: cordas, cones, arcos, fita adesiva ou giz branco, bolas de tênis, de pingue-pongue etc.

- **Duração**: aproximadamente 5 minutos.

- **Desenvolvimento**:
  - Em um espaço amplo, colaboradores estarão dispostos a uma distância razoável (cerca de 30 m) um do outro. A localização dos indivíduos será chamada de estação, que pode ser numerada com fita adesiva branca ou giz; desse modo, haverá uma sequência de qual dos participantes a cobra deve capturar primeiro.

  - O jogo tem início com apenas um participante, que representará a cabeça da cobra, enquanto todos os outros estarão posicionados em suas estações, até que a cobra os capture. Quando a pessoa que representar a cabeça da cobra chegar até uma estação, ela deve dar as mãos aos outros participantes e seguir o percurso, caminhando lateralmente em direção à estação seguinte, aumentando, assim, o tamanho da cobra. Desse modo, a cada estação, quando um participante for capturado haverá um novo "guia" (cabeça da cobra); o primeiro participante será o último da cobra e todos terão a oportunidade de ser o "guia".

• Entre uma estação e outra, os indivíduos deverão passar por obstáculos distribuídos anteriormente, no local onde a atividade é realizada. Exemplos de obstáculos podem ser pequenos saltos em arcos (bambolês), que podem estar um na diagonal do outro, dispostos em zigue-zague; cones em zigue-zague distribuídos em forma circular; cordas alinhadas ao chão, para caminhar somente em cima destas, ou fixadas em uma pequena altura, para ultrapassá-las de um lado ao outro, ou no alto, de forma que a meta seja passar por baixo; passar dentro do arco fixo em determinado ponto ou deixar o arco passar livre entre a cobra; entre outras adaptações que podem se repetir ou não durante todo o percurso, dependendo do número de participantes.

• Várias são as possibilidades de desafios e obstáculos para propor entre uma estação e outra, mas o que deve ser considerado é que a cobra não pode se romper (ou seja, soltar as mãos) em momento algum. Além disso, é interessante propor que os obstáculos mais difíceis sejam os últimos, quando a cobra estiver maior, e a cabeça da cobra não poderá colidir com o restante do corpo.

• **Variações e adaptações**:
  • Pode ser utilizada uma música de fundo e o professor pode determinar alguns movimentos no ritmo dessa música ou, ainda, serem propostos alongamentos orientados pelo professor, para que os participantes que aguardam nas estações não permaneçam parados.

  • O jogo pode ser utilizado também de forma competitiva, separando os participantes em dois grupos. Ambos realizam as atividades no mesmo momento, e aquele que conseguir completar todo o percurso mais rápido vence o jogo.

Figura 12.1 – *Snake* com obstáculo.

12.1.2 Ritmo em equipe

- **Nome do jogo original**: *Gangnam Style Dance*.

- **Fonte**: <http://clickjogos.uol.com.br/jogos/gangnam-style-dance/>.

- **Descrição do jogo**: o jogo foi criado com base no famoso *hit* do músico Psy, chamado *Gangnam Style*, e, por isso, tornou-se conhecido por muitas pessoas de diferentes idades. O jogador precisa escolher um dos cenários onde deseja realizar a dança e, também, o nível de dificuldade. A partir daí, é preciso demonstrar sua agilidade para acertar os passos de dança, pressionando as teclas direcionais correspondentes às indicadas na hora certa e finalizando o estágio com a maior pontuação possível.

- **Nome adaptado**: Ritmo em equipe.

- **Objetivo**: em dois grupos, interpretar e executar os movimentos coreográficos apresentados em uma sequência descrita na forma de desenho, evitando os erros da sequência, de acordo com o tempo preestabelecido.

- **Faixa etária**: adultos/colaboradores de empresas.

- **Recursos materiais**: cartas com desenhos das sequências de passos (Figura 12.2), música *Ganganam Style* e outras de ritmos diferentes, conforme a preferência dos participantes.

- **Duração**: aproximadamente 15 minutos.

- **Desenvolvimento**:
  - Os colaboradores, divididos em duas equipes, interpretarão e executarão os movimentos apresentados na forma de desenho, dispostos em um local visível, durante o tempo de 30 segundos ou 1 minuto (dependendo do nível de habilidade dos participantes para realizar a sequência coreográfica sem errar).

  - Esses movimentos devem ser simples, fáceis de executar, para que o participante possa identificá-los com aqueles que executa na GL tradicional. Os movimentos deverão ser realizados no ritmo da música *Gangnam Style*, ou de alguma outra, conforme escolha do grupo, desde que o andamento musical não seja muito rápido e os participantes se sintam confortáveis para realizar a atividade.

  - Durante o tempo da música, os participantes de cada grupo deverão realizar a sequência coreográfica proposta na carta, evitando os erros. Para isso, haverá dois fiscais (professores/instrutores ou os próprios colaboradores), que contarão o número de erros do grupo.

  - Cada tempo de 30 segundos será considerado como uma etapa do jogo, e o grupo que tiver o maior número de erros na próxima fase de execução da coreografia terá como punição segurar algum objeto (balão, bolinha de tênis, bastão), fazer a sequência em diferentes posições (por exemplo, em um pé só, com o tronco inclinado à frente ou para trás) ou, ainda, ter os olhos vendados.

  - Vale lembrar que os materiais que são mais difíceis de se segurar, como o bastão, bem como as posições mais difíceis de serem mantidas, além da condição de olhos vendados, que exige a memorização da sequência, devem ser deixadas como últimas opções. Caso a equipe consiga executar a sequência sem nenhum erro, ela passará de nível e a sequência coreográfica aumentará.

- São exemplos de representação de sequências de movimentos para o jogo:
    1. Abdução de braço direito e perna direita.
    2. Abdução de braço esquerdo e perna esquerda.
    3. Flexão dos braços direito e esquerdo (acima da cabeça), juntamente com flexão da perna direita.
    4. Flexão dos braços direito e esquerdo (acima da cabeça), juntamente com flexão da perna esquerda.
    5. Flexão dos braços direito e esquerdo (até atingir o ângulo de 90°), juntamente com hiperextensão da perna direita (passo para trás).
    6. Flexão dos braços direito e esquerdo (até atingir o ângulo de 90°), juntamente com hiperextensão da perna esquerda (passo para trás).
    7. Braços direito e esquerdo para o lado direito, juntamente com elevação do joelho direito.
    8. Braços direito e esquerdo para o lado esquerdo, juntamente com elevação do joelho esquerdo.

- **Variações e adaptações**: a cada fase do jogo, os fiscais podem ser alterados, trocando de lugar com algum dos participantes da equipe.

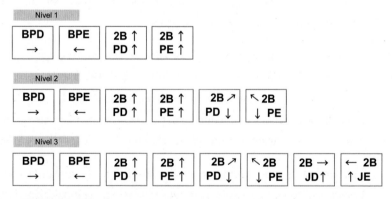

Figura 12.2 – Modelos de cartas.

Figura 12.3 – Ritmo em equipe.

12.1.3 Pacman humano

- **Nome do jogo original**: *Pacman* (Come-come).

- **Fonte**: <http://clickjogos.uol.com.br/Jogos-online/Classicos/Pacman--come-come/>.

- **Descrição do jogo**: o *Pacman* é um *game* tradicional e muito conhecido por pessoas que hoje estão na fase adulta da vida. Nele, o jogador controla o Pacman, mais conhecido como *Come-come*, que percorre todo um labirinto comendo todas as pastilhas (bolinhas). No labirinto também há alguns inimigos e, quando o Come-come encosta em um deles, o jogador perde e deve recomeçar. Se o Come-come comer as pastilhas permitidas, os inimigos se transformam em fantasmas e o Come-come pode comê--los, aumentando ainda mais o número de pontos. O objetivo é conseguir comer todas as pastilhas encontradas no labirinto, fazendo, assim, que apareça um novo labirinto, no qual a dificuldade é maior, pois o nível de dificuldade é progressivo.

- **Nome adaptado**: *Pacman* humano.

- **Objetivo**: pegar todos os colegas, fazendo que todos sejam transformados em fantasmas.

- **Faixa etária**: adultos/colaboradores de empresas.

- **Recursos materiais**: fita adesiva ou giz (para fazer linhas de diversas direções no chão).

- **Duração**: aproximadamente 10 minutos.

- **Desenvolvimento**: no local onde a aula de GL for realizada, colocam-se várias linhas no chão (com giz ou fita adesiva branca) em direções diferentes, em curvas e com todas as linhas se unindo dos dois lados, como no exemplo da Figura 12.3. Essas linhas representarão os locais onde os colaboradores poderão caminhar, conforme o labirinto do jogo original. Um dos colaboradores começará jogando como o Pacman, que fará movimentos representando uma boca, com os membros superiores estendidos, encostando uma mão à outra no plano vertical. O Pacman deverá caminhar somente sobre as linhas, pegando os demais colegas, que estarão executando movimentos de alongamento comandados pelo professor, enquanto também caminham sobre as linhas e fogem do Pacman. Quando o Pacman pegar alguém, este deverá fazer um movimento de deslizar o corpo em direção ao chão, com os braços estendidos, representando que se tornou um fantasma e, logo após, ele se tornará também um Pacman, fazendo movimentos de membros superiores, que representam a captura (como o movimento do primeiro Pacman), ajudando a pegar os outros colegas. O jogo acaba quando todos os jogadores forem pegos. Não é válido pular de uma linha para a outra, somente caminhar sobre elas.

- **Variações e adaptações**:

  - Os jogadores poderão realizar movimentos também no ritmo de uma música, conforme a demonstração do professor, como, por exemplo, palmas para frente, para trás, girando braços, flexionando joelhos etc.

  - Para o jogo demorar um pouco mais, também pode ser alterada a regra de que quando o Pacman pegar alguém, ele permanece no local, sem ajudar a pegar os demais, fazendo, apenas, os movimentos do fantasma. Então o jogo só acabará quando o Pacman pegar todos os colegas. Mas, para que o Pacman não se canse, ele poderá escolher que um dos fantasmas assuma seu papel como Pacman, quando preferir ou quando o professor determinar.

Figura 12.4 – *Pacman* humano.

Referências

BERTOLDO, I. M. Inclusão de atividades lúdicas na ginástica laboral. *Revista Hórus*, Ourinhos, v. 4, n. 2, p. 241-63, 2010.

CLICK Jogos. *Ganganm Style Dance*. 2012. Disponível em: <http://clickjogos.uol.com.br/jogos/gangnam-style-dance/>. Acesso em: 2 out. 2013.

CLICK Jogos. *Pacman*. 2007. Disponível em: <http://clickjogos.uol.com.br/Jogos--online/Classicos/Pacman-come-come/>. Acesso em: 17 out. 2013.

CLICK Jogos. *Snake*. Disponível em: < http://www.clickjogos.com.br/Jogos-online/Acao-e-Aventura/Snake/>. Acesso em: 02 out. 2013.

DIAS, A. G. et al. A contribuição de um programa de ginástica laboral para a aderência ao exercício físico fora da jornada de trabalho. *Fitness & Performance Journal*, Rio de Janeiro, v. 5, n. 5, p. 325-32, 2006.

DIAS, F. B. et al. A influência do lúdico no mundo corporativo visando à qualidade de vida dos seus colaboradores. *Coleção Pesquisa em Educação Física*, Jundiaí, v. 11, n. 4, p. 25-32, 2012.

GOMES, C. L. Lúdico. In: GOMES, C. L. (Org.). *Dicionário crítico do lazer*. Belo Horizonte: Autêntica Editora, 2004. p. 141-6.

MACIEL, R. H. et al Quem se beneficia dos programas de ginástica laboral? *Cadernos de Psicologia Social do Trabalho*, São Paulo, v. 8, p. 71-86, 2005.

MARTINS, C. O.; DUARTE, M. F. S. Efeitos da ginástica laboral em servidores da Reitoria da UFSC. *Revista Brasileira de Ciência e Movimento*, Brasília, v. 8, n. 4, p. 7-13, 2000.

MENDES, R. A.; LEITE, N. *Ginástica Laboral:* princípios e aplicações práticas. 3. ed. Barueri: Manole, 2012.

MILITÃO, A. G. *A influência da ginástica laboral para a saúde dos trabalhadores e sua relação com os profissionais que a orientam.* 2001. 73 f. Dissertação (Mestrado em Engenharia de Produção) – Universidade Federal de Santa Catarina, Florianópolis, 2001.

OLIVEIRA, J. R. G. A importância da ginástica laboral na prevenção de doenças ocupacionais. *Revista de Educação Física*, Sorriso, n. 139, p. 40-9, 2007.

RESENDE, M. C. F. et al. Efeitos da ginástica laboral em funcionários de teleatendimento, *Acta Fisiátrica*, São Paulo, v. 14, n. 1, p. 25-31, 2007.

13 Webgames de aventura aplicados outdoor

Caroline Valvano Schimidt

José Pedro Scarpel Pacheco

Gisele Maria Schwartz

Entre as opções de vivências significativas e recorrentes escolhidas espontaneamente pelo ser humano na atualidade, encontram-se aquelas que, paradoxalmente, colocam-se em dois polos bastante distintos: um envolvendo as experiências advindas do uso de tecnologias avançadas de acesso ao ambiente virtual e o outro abarcando o enriquecimento da relação humana com o ambiente natural, por meio das atividades de aventura na natureza. Ainda que cada uma seja vivenciada de modo peculiar e próprio, ambas as experiências apresentam-se de modo intenso (Tahara, Carnicelli Filho e Schwarts, 2006; Schwartz, 2003) e, inclusive, podem revelar características semelhantes, no que tange ao desejo de afastamento temporário do real, à possibilidade de representação do eu e à potencialização de sensações e emoções intrínsecas a essa participação.

No ambiente virtual, podem ocorrer experiências marcantes (Schwartz 2003), deflagradas pelos desejos de comunicação, de aquisição de conhecimentos, de entretenimento, de interação (Baldanza, 2006), ou mesmo, de poder ser, ainda que temporariamente, um personagem, entre outros aspectos favorecidos pela utilização dos recursos da internet nos diversos setores da vida social, como trabalho, estudo, lazer.

Já nas atividades de aventura, além desses desejos, entram em cena outros igualmente relevantes, como a possibilidade de afastamento temporário da rotina, a reaproximação com a natureza, as vivências hedônicas ou lúdicas ou o prazer de vencer obstáculos envolvendo a autossuperação e a coragem (Ferreras, 2005; Steinman, 2003).

Em ambos os casos, é possível perceber que a evolução tecnológica, sobretudo com a criação da internet, teve um impacto bastante significativo na configuração dessas atividades. Esse recurso pode ter contribuído para o crescimento do interesse sobre as atividades que podem ser desenvolvidas nesses dois ambientes, a saber, o virtual e o natural, na atualidade.

Como a criatividade humana se coloca à disposição sempre que o ser humano deseja se superar de alguma forma, foram desenvolvidos mecanismos utilizando os recursos tecnológicos, capazes de unir a experiência a ser vivenciada nos dois ambientes, originando os jogos de aventura *on-line*. Esses jogos aliam a evolução das tecnologias virtuais, que obtiveram um aprimoramento sem precedentes na história, à perspectiva de experimentações de atividades de aventura simuladas tecnologicamente.

Os jogos de aventura, existentes em diversos *sites* do ambiente virtual da internet, não se restringem às atividades de aventura propriamente (Abrucez, 2010), nem são categorizados igualmente, como as atividades realizadas no ambiente natural. Esses jogos de aventura abarcam, inclusive, a possibilidade de simulações de situações que favorecem o conteúdo aventureiro ao jogador, sem, necessariamente, representarem uma atividade de aventura, como aquelas classificadas por Betrán (1995), realizadas em terra, água e ar.

Embora haja possibilidade de se vivenciar a aventura em ambos os ambientes, uma das principais diferenciações recai sobre o fato de que as atividades de aventura na natureza são planejadas de modo a sugerir a reavaliação de valores e promover vivências de habilidades pessoais e sociais. Essas características podem repercutir, inclusive, sobre a qualidade de vida do ser humano.

As iniciativas que expõem os participantes a atividades de aventura, fazendo-os passar por situações desafiadoras, que requerem colaboração e trabalho em equipe, favorecem a conscientização de valores morais e éticos (Dillon et al., 2006).

Contudo, ao se tomar como foco os jogos virtuais com conteúdo de aventura, esses propósitos não estão explícitos, sendo exploradas outras habilidades e capacidades, como tempo de reação, a cognição, os aspectos coordenativos, entre outros, com menor ênfase aos parâmetros psicossociais.

Torna-se bastante interessante a apropriação dessas atividades envolvendo os jogos de aventura oferecidos pela internet, mas adaptando-os e simulando-os para uma vivência corporal, como é o caso dos *webgames* com o corpo, para que a experiência virtual se concretize. Isso pode deflagrar a possibilidade de inserção de novos valores e conteúdos, tornando-os, inclusive, adequados para serem utilizados no contexto educacional, no campo do lazer e no âmbito corporativo.

No contexto educacional, os *webgames* de aventura vivenciados de modo *outdoor* com o corpo podem ser utilizados como estratégias motivacionais no processo ensino-aprendizagem. Há uma tendência bem-sucedida, sobretudo na América do Norte e na Europa, de aplicar as atividades de aventura e esportes radicais à educação formal, em modelos inovadores e motivadores (Norton e Tucker, 2010; Sibthorp e Morgan, 2011). Os projetos que se destacam nesse sentido recorrem à aventura para estimular a aprendizagem dos alunos em diversos conteúdos didáticos, utilizando, sobretudo, a própria natureza e ambientes artificiais fora da escola para realizar expedições e experiências de vida reais (Bahia, 2005).

No lazer, a apropriação do ambiente natural tem sido recorrente, em razão do fato de se poder compartilhar experiências altamente significativas, representando alternativas interessantes aos esportes tradicionais. Nessas atividades de convivência *outdoor*, os participantes têm a oportunidade de revigorar as relações afetivas, tanto envolvendo o contexto social quanto em relação ao ambiente natural.

Autores como Bahia (2005) e Marinho (2001) já reiteravam a possibilidade de se ampliar o respeito à biodiversidade e promover a educação ambiental durante a participação em atividades de aventura *outdoor*. Além desse aspecto, outros entram em cena, como a cooperação e o desafio, aprimorando as relações e trabalhando novos valores potencialmente.

No âmbito corporativo, pela variedade das situações que podem ocorrer nesse tipo de atividade vivenciada *outdoor*, é possível identificar sua importância como ferramenta motivacional e transformadora do comportamento humano e de atitudes das pessoas diante da vida (Miles e Priest, 1999). Essas atividades, quando contextualizadas com os problemas das empresas e suas necessidades peculiares, podem favorecer momentos de reflexão, auxiliando no processo de novas tomadas de decisão, com ressonâncias de aprendizados que extrapolam o ambiente corporativo (Neil e Dias, 2001).

Com base no exposto, torna-se interessante apontar algumas sugestões de adaptações dos jogos de aventura *on-line*, utilizando a técnica dos *webgames* com o corpo, a serem desenvolvidos em ambiente *outdoor*.

13.1 Descrição dos jogos e adaptações

13.1.1 Skiball

- **Nome do jogo original**: Biatlo 2011.

- **Fonte**: <http://www.joga.pt/Jogo/2047/Biathlon.html>.

- **Descrição do jogo**: o jogo reproduz o esporte de inverno biatlo, o qual consiste no esqui *cross-country* e no tiro ao alvo. O personagem precisa esquiar por 1.500 milhas, parando duas vezes para atirar em um alvo. Quanto menor o tempo para completar o percurso, maior a pontuação. A quantidade de alvos acertados também acresce a pontuação.

- **Nome adaptado**: *Skiball.*

- **Objetivo**: somar mais pontos, incluindo pontos de chegada e número de latas derrubadas.

- **Faixa etária**: a partir de 10 anos.

- **Recursos materiais**: simulação da prancha de esqui com pedaço de madeira e barbante, latas e bolas de meia.

- **Duração**: 5 a 10 minutos.

- **Desenvolvimento**: divide-se o grupo em duas ou mais equipes, as quais deverão se posicionar em colunas. O jogo começa com o primeiro integrante percorrendo um circuito (dar uma volta na quadra, andar em zigue-zague etc.) com a prancha de esqui adaptada. Em um determinado ponto, ele deve sair do "esqui" e lançar uma bola de meia nas latas que estarão empilhadas a 1,5 m dele. Após o lançamento, o participante arruma as latas e volta para o "esqui", para terminar o circuito, passando a vez para o segundo da fila e, assim, sucessivamente. A equipe que acabar primeiro ganha 5 pontos e a segunda 2 pontos; logo, quem acabar antes não é necessariamente o vencedor, pois cada lata derrubada vale 1 ponto. Por isso, é melhor que a pessoa que estiver organizando o jogo fique ao lado dos alvos para computar os pontos. Se, por exemplo, a equipe A for mais rápida, ela ganhará 10 pontos, mas se derrubou apenas 10 latinhas, ela totaliza 20 pontos; no entanto, se a equipe B ganhou 5 pontos da chegada, mas derrubou 20 latinhas, então ela totaliza 25 pontos, ganhando o jogo.
- **Variações e adaptações**: pode-se colocar mais de uma pessoa por vez no "esqui", para dificultar o jogo. Todos devem lançar a bola, de modo que um lança, corre para arrumar as latas, volta e passa a vez do lançamento para o(s) companheiro(s).

Figura 13.1 – *Skiball*.

13.1.2 Zigue-zague doido

- **Nome do jogo original**: *Slipstream Slider*.

- **Fonte**: <http://www.jogosdodia.net/jogos_3d/slipstream_slider/>.

- **Descrição do jogo**: corrida de carrinho de rolimã em um circuito variado e com obstáculos.

- **Nome adaptado**: Zigue-zague doido

- **Objetivo**: sentado em um *skate* e sendo impulsionado por um membro da dupla, percorrer uma distância pré-determinada, desviando dos obstáculos (cones de sinalização) e sem passar sobre as minas terrestres (círculos de papel colorido de 25 cm de diâmetro espalhados no circuito). No final do percurso, o participante que impulsionou o *skate* deverá acertar um alvo suspenso (arco pendurado na trave de futebol), a uma distância de 1,5 m, com uma bola de borracha. O circuito deverá ser feito no menor tempo possível.

- **Faixa etária**: idade mínima de 10 anos e sem limite de idade máxima.

- **Recursos materiais**: *skates*, cones de sinalização, papel colorido, fita adesiva, arco, trave de futebol e bola de borracha.

- **Duração**: menor tempo que a dupla conseguir realizar o percurso.

- **Desenvolvimento**: a corrida será desenvolvida em um ambiente que tenha espaço para serem colocados alguns obstáculos (cones ou minas de papel) e que o *skate* consiga se mover com um pouco de velocidade (lugares abertos, como praças ou espaços de recreação). Os participantes serão divididos em duplas. Um deles ficará sentado com braços e pernas sobre o *skate*, enquanto o outro dará impulso nas costas do primeiro para mover o *skate*. As duplas terão que desviar dos obstáculos, representados pelas minas terrestres e pelos cones de sinalização (podendo bater, mas não derrubá-los).

A cada cone derrubado ou mina terrestre não desviada, a dupla sofrerá uma penalidade: 1 e 2 minutos, respectivamente, adicionados no tempo final da corrida. Ao final do percurso, o participante que impulsionou o *skate* deverá lançar uma bola de borracha e acertar um alvo, a uma distância de 1,5 m. A dupla que finalizar o circuito no menor tempo, contando os minutos adicionados por alguma eventual penalização, ganhará a corrida.

- **Variações e adaptações**:
  - Em vez do *skate*, poderá ser usado carrinho de rolimã.
  - Poderão ser utilizadas como obstáculos garrafas PET, agrupadas em blocos de quatro garrafas, ou banquinhos de plástico.
  - Se a corrida for realizada em um espaço em que o *skate* alcance mais velocidade, por prevenção, os participantes deverão usar equipamentos de segurança, como luvas, joelheiras, cotoveleiras e capacete.
  - A corrida poderá ser feita com revezamento, e, no final do percurso, os participantes da dupla deverão trocar de posição entre si, retornando pelo mesmo percurso. Somente após ambos terem terminado o percurso, um ou os dois participantes deverão acertar o alvo com a bola de borracha.

Figura 13.2 – Zigue-zague doido.

13.1.3 O percurso

- **Nome do jogo original**: *Free Running 2*.

- **Fonte**: <http://www.miniclip.com/games/free-running-2/br/>.

- **Descrição do jogo**: o personagem corre pelos prédios da cidade praticando *parkour*, correndo contra o tempo para conseguir uma boa pontuação, e acertando as câmeras para realizar manobras radicais.

- **Nome adaptado**: O percurso.

- **Objetivo**: deslocar-se em um percurso delimitado, superando obstáculos, utilizando pernas e braços, procurando chegar ao final no menor tempo possível.

- **Faixa etária**: a partir de 10 anos.

- **Recursos materiais**: arcos, barbante e bexigas coloridas.

- **Duração**: aproximadamente 5 minutos, dependendo da distância do percurso e do número de participantes.

- **Desenvolvimento**: os participantes deverão percorrer um caminho correndo e saltando obstáculos, como bancos de cimento, raízes de árvores, degraus de escada, dispostos em uma área aberta (parque ou praça, por exemplo). Serão colocados no percurso alguns arcos, com uma distância de 1,5 m entre eles, os quais os participantes deverão saltar, passando de um para o outro. Também serão colocadas bexigas coloridas penduradas por barbantes em galhos de árvores, perto de cada obstáculo e em outros lugares disponíveis no espaço, de forma que fique fácil para os participantes puxá-las e estourá-las. Cada participante terá uma cor correspondente à cor da bexiga a ser estourada. O número de participantes poderá ser de 5 a 10. Vencerá a corrida quem concluir primeiro o percurso, saltando todos os obstáculos e estourando a respectiva bexiga.

- **Variações e adaptações**:
  - A corrida poderá ser desenvolvida em outros lugares, inclusive em ambientes fechados, usando como obstáculos caixas de madeira, cordas amarradas, câmeras de ar de pneu etc.
  - O número de participantes e as idades poderão ser alterados, dependendo do percurso e do lugar onde a corrida ocorrerá.
  - Poderá ser utilizado um sistema de pontuação, dando a cada obstáculo um número de pontos, dependendo do seu grau de dificuldade. Por exemplo: banco de cimento valerá 10 pontos; escada, 7 pontos; um degrau, 2 pontos; salto nos arcos, 5 pontos etc. Além disso, a ordem de chegada também corresponderá a uma pontuação. Por exemplo: se houver 10 participantes, o primeiro a chegar ganhará 10 pontos, o próximo 9 pontos e, assim, sucessivamente. Nesse caso, deverão ser colocados alguns monitores para marcar a pontuação de cada participante. Quem conseguir acumular mais pontos durante a corrida será o vencedor.

Figura 13.3 – O percurso.

Referências

ABRUCEZ, P. M. *Classificação dos jogos no ambiente virtual do lazer na perspectiva dos usuários*. 2010. Trabalho de Conclusão de Curso (Graduação em Educação Física) – Universidade Estadual Paulista, Rio Claro, 2010.

BAHIA, M. C. *Lazer – Meio Ambiente*: em busca das atitudes vivenciadas nos esportes de aventura. 2005. Dissertação (Mestrado em Educação Física) – Programa de Mestrado em Educação Física, Faculdade de Ciências da Saúde, Universidade Metodista de Piracicaba, Piracicaba, 2005.

BALDANZA, R. F. Comunicação no ciberespaço: reflexões sobre a relação do corpo na interação e sociabilidade em espaço virtual. In: X CONGRESSO BRASILEIRO DE CIÊNCIAS DA COMUNICAÇÃO, 29., 2006, Brasília. *Anais...* Brasília: Intercom, 2006. Disponível em: <http://www.portcom.intercom.org.br/pdfs/6396029766736725 0954516430239393812902.pdf>. Acesso em: 28 out. 2013.

BETRÁN, J. O. Las actividades físicas de aventura en la naturaleza: análisis sociocultural. *Apunts*: *Educación Física y Deportes*, Barcelona, n. 41, p. 5-9, 1995.

DILLON, J. et al. The value of outdoor learning: evidence from research in the UK and elsewhere. *School Science Review*, Hertfordshire, v. 87, n. 320, p. 107-11, mar. 2006.

FERRERAS, P. *O mergulho*: uma história de amor e obsessão. São Paulo: Planeta do Brasil, 2005.

JOGAR-JOGOS-GRATIS. *Biatlo*. Disponível em: <http://jogar-jogos-gratis.com/acao/biatlo-2011>. Acesso em: 30 out. 2013.

JOGOS do Dia. *Slipstream Slider*, 2011. Disponível em: <http://www.jogosdodia.net/jogos_3d/slipstream_slider/>. Acesso em: 31 out. 2013.

MARINHO, A. L. Lazer, natureza e aventura: compartilhando emoções e compromissos. *Revista Brasileira de Ciências do Esporte*, Campinas, v. 22, n. 2, p. 143-53, jan. 2001.

MILES, J. C.; PRIEST, S. *Adventure Programming*. 2. ed. State College, PA: Venture Publishing Inc., 1999.

MINICLIP. *Free Running* 2. 2013. Disponível em: <http://www.miniclip.com/games/free-running-2/br/>. Acesso em: 31 out. 2013.

NEILL, J. T.; DIAS, K. L. Adventure education and resilience: the double-edged sword. *Journal of Adventure Education & Outdoor Learning*, Abingdon, v. 1, n. 2, p. 35-42, 2001.

NORTON, C. L.; TUCKER, A. R. New heights: adventure-based groupwork in social work education and practice. *Groupwork*, Londres, v. 20, n. 2, p. 24-44, 2010.

SCHWARTZ, G. M. O conteúdo virtual do lazer: contemporizando Dumazedier. *Licere - Revista do programa de pós-graduação interdisciplinar em estudos do lazer/ UFMG*, Belo Horizonte, v. 2, n. 6, p. 23-31, 2003.

SIBTHORP, J.; MORGAN, C. Adventure-based programming: exemplary youth development practice. *New directions for youth development*, Hoboken, v. 130, n. 130, p. 105-119, 2011.

STEINMAN, J. *Surf & Saúde*. Florianópolis, SC: M.G Meyer, 2003.

TAHARA, A.; CARNICELLI FILHO, S.; SCHWARTZ, G. Meio ambiente e atividades de aventura: significados de participação. *Motriz: Revista de Educação Física - UNESP*, Rio Claro, v. 12, n. 1, p. 59-64, 2006.

Organizadoras e autores

Organizadoras

Gisele Maria Schwartz

Graduada (USP) e Mestra (Unicamp) em Educação Física; Doutora em Psicologia Escolar e do Desenvolvimento Humano (USP); Livre-docente (Unesp); Pós-doutorado (Université du Québec à Trois-Rivières – Canadá/2011); *Visiting Fellow* (University of Birmingham – Reino Unido/2013); Professora Adjunta no Departamento de Educação Física, IB/Unesp (Rio Claro). Atua no Programa de Pós-graduação em Ciências da Motricidade e no Programa de Pós-graduação em Desenvolvimento Humano e Tecnologias. É Coordenadora do Laboratório de Estudos do Lazer (LEL/Unesp). Tem interesse nos temas Psicologia do Lazer, Atividades de Aventura, Lazer Virtual, Gestão da Informação, Gestão do Esporte e Lazer e Pesquisas sobre Lazer.

Giselle Helena Tavares

Graduada em Educação Física (licenciatura plena) pela Universidade Federal de Uberlândia (2008); Doutora em Ciências da Motricidade na área de concentração Pedagogia da Motricidade Humana, no IB/Unesp (Rio Claro/ 2013). Atualmente é Pós-doutoranda do Programa Nacional de Pós-doutorado (PNDP/Capes), no curso de pós-graduação em Desenvolvimento Humano e Tecnologias (Unesp/Rio Claro). Professora Adjunta da Faculdade de Educação Física e Fisioterapia da Universidade Federal de Uberlândia (FAEFI/UFU). Pesquisadora do Laboratório de Estudos do Lazer (LEL/Unesp) e do Grupo de Estudos e Pesquisa em Gestão do Esporte (GEPAE/USP). Membro da Aliança Intercontinental de Gestão Desportiva (AIGD) e do Gabinete de Gestão Desportiva da Universidade do Porto (Portugal). Tem experiência na área de Educação Física, atuando principalmente nos temas Gestão Esportiva e Políticas Públicas de Esporte e Lazer.

Autores

Ana Paula Evaristo Guizarde Teodoro

Graduada em Educação Física pelas Faculdades Integradas Stella Maris de Andradina (FISMA/2001); Especialista em Fisiologia do Exercício (Centro Universitário Salesiano Auxilium), em Musculação (Universidade Veiga de Almeida) e em Avaliação e Prescrição de

Exercícios Físicos (Faculdades Integradas Stella Maris de Andradina). Mestra em Desenvolvimento Humano e Tecnologias e Doutoranda em Ciências da Motricidade pelo IB/Unesp (Rio Claro). Membro pesquisadora do Laboratório de Estudos do Lazer (LEL/Unesp). Atualmente é professora da Faculdade de Americana (FAM), nas disciplinas de Estudos do Lazer, Práticas de Lazer e Políticas Públicas de Esporte e Lazer. Tem experiência na área de Medicina Preventiva, Ginástica Laboral, Treinamento Lúdico Empresarial, Lazer, Tecnologias e Idosos.

Caroline Valvano Schimidt

Graduanda em Licenciatura em Educação Física pela Universidade Estadual Paulista "Júlio de Mesquita Filho" (Rio Claro/SP). Foi integrante do Grupo de Estudos Pedagógicos e Pesquisa em Atletismo (GEPPA) e do Laboratório de Estudos do Lazer (LEL), ambos vinculados ao Departamento de Educação Física, IB/Unesp (Rio Claro). Foi bolsista de Iniciação Científica pelo CNPq entre 2013 e 2014. No período de 17/11/2014 a 23/01/2015, trabalhou na empresa Walt Disney World, em Orlando, Flórida, como Quick Service Food and Beverage.

Cleber Mena Leão Junior

Graduado em Educação Física (licenciatura plena) pela Pontifícia Universidade Católica do Rio Grande do Sul (PUC-RS/2007); Especialista em Educação Física Escolar pela Pontifícia Universidade Católica do Paraná (PUC-PR/2009), e em Educação: Métodos e Técnicas de Ensino pela Universidade Tecnológica Federal do Paraná (UTFPR/2015). Mestre em Ensino pela Universidade Estadual do Paraná (Unespar/2015). Membro da Sociedade Portuguesa de Ciências dos Videojogos (SPCV), da Associação Brasileira de Pesquisa e Pós-graduação em Estudos do Lazer (Anpel) e da Confraria dos Profissionais do Lazer do Paraná (Confraria). Diretor da Associação Brasileira de Recreadores (ABRE). Palestrante Internacional. Docente de pós-graduação. Proprietário da Empresa Clube dos Recreadores. Prêmio Top Fiep Brasil na categoria "Melhor Site" em 2014 (www.clubedosrecreadores) e na categoria "Melhor Professor/Profissional de Educação Física" em 2015. Autor do livro *Manual de jogos e brincadeiras: atividades recreativas para dentro e fora da escola* (Wak Editora).

Cheng Hsin Nery Chao

Graduado em Educação Física pela Universidade Federal do Rio Grande do Norte (1997). Graduado (curso a distância) em Ciências Biológicas pela Universidade Federal da Paraíba (2012). Mestre em Estudos do Lazer pela Universidade Estadual de Campinas (2001). Doutor em Educação pela Universidade Federal do Rio Grande do Norte (2005), onde atualmente é Professor Adjunto II. Tem experiência na área de Educação Física e Ciências Biológicas, atuando principalmente nos seguintes temas: Educação Ambiental, Lazer, Meio Ambiente, Políticas Públicas de Lazer e Qualidade de Vida. É membro pesquisador do Laboratório de Estudos do Lazer (LEL), vinculado ao Departamento de Educação Física, IB/Unesp (Rio Claro). Membro da Associação Brasileira de Pesquisa e Pós-graduação em Estudos do Lazer (Anpel).

Danielle Ferreira Auriemo

Licenciada em Pedagogia (1999), Mestra em Ciências da Motricidade (2007) e Doutora em Desenvolvimento Humano e Tecnologias (2014), todos pela Unesp (Rio Claro/SP). Atualmente é professora do Ensino Fundamental na Prefeitura Municipal de Rio Claro (SP), tutora do curso Introdução às Tecnologias de Informação pelo MEC e membro pesquisadora do Laboratório de Estudos do Lazer (LEL/Unesp). Tem experiência na área de Educação e Educação Física, atuando principalmente nos seguintes temas: Metodologia, Xadrez, Educação, Regras, Raciocínio e Jogos Virtuais.

José Pedro Scarpel Pacheco

Graduando em Bacharelado em Educação Física pela Unesp (Rio Claro/SP). Foi bolsista de Iniciação Científica pela Fundação de Amparo à Pesquisa do Estado de São Paulo (Fapesp) durante os anos de 2013 a 2015. Atualmente é integrante do Laboratório de Estudos do Lazer (LEL), vinculado ao Departamento de Educação Física, IB/Unesp (Rio Claro), atuando nas linhas de pesquisa: Estados Emocionais, Movimento Humano, Qualidade de Vida e Políticas Públicas.

Juliana de Paula Figueiredo

Graduada em Educação Física (licenciatura plena e bacharelado) pela Pontifícia Universidade Católica de Campinas (PUC-Campinas/SP) (2009); Mestre em Ciências da Motricidade pela Unesp (Rio Claro/SP) (2012); Doutoranda em Educação Física pela Universidade Federal de Santa Catarina (UFSC). É Professora Assistente da Universidade do Estado de Santa Catarina (Udesc), no Centro de Ciências da Saúde e do Esporte (Cefid). Membro pesquisadora do Laboratório de Estudos do Lazer (LEL/Unesp) e do Laboratório de Pesquisa em Lazer e Atividade Física (Laplaf/Cefid/Udesc/CNPq). Sócia fundadora da Associação Brasileira de Pesquisa e Pós-graduação em Estudos do Lazer (Anpel). Tem experiência na área de Educação Física, atuando principalmente nos seguintes temas: Atividades de Aventura, Educação Ambiental, Lazer, Recreação, Jogos e Brincadeiras de Sensibilização Ambiental.

Leandro Jacobassi

Graduando em Educação Física pela Unesp (Rio Claro/SP); integrante do Laboratório de Estudos do Lazer (LEL/Unesp) e bolsista de Iniciação Científica (PIBIC) pelo CNPq (2013-2014).

Nara Heloisa Rodrigues

Graduada em Licenciatura em Educação Física pela Universidade Federal de Lavras (UFLA/MG/ 2011); Mestra em Desenvolvimento Humano e Tecnologias pelo IB/Unesp (Rio Claro) e bolsista Fapesp (2015). Atualmente é membro pesquisadora do Laboratório de Estudos do Lazer (LEL/Unesp) e professora de Educação Física no ensino infantil, na cidade de Rio Claro (SP). Atua principalmente nos seguintes temas: Construção de Imagem, Envelhecimento, Tecnologias e Novas Mídias.

Norma Ornelas Montebugnoli Catib

Licenciada em Educação Física pelas Faculdades Integradas Regionais de Avaré (FREA/FIRA/ 1988), com licenciatura plena em Pedagogia pela FIRA (1992). Especialista em Ginástica Rítmica Desportiva pela Fefisa/SP (1991). Tem pós-graduação (*lato sensu*) em Dança e Consciência Corporal pela UniFMU (2005). Mestra em Ciências da Motricidade pelo IB/Unesp (Rio Claro/2010). Membro efetivo do Laboratório de Estudos do Lazer (LEL/Unesp). Titular de cargo das Faculdades Integradas Regionais de Avaré (FIRA), nos cursos de Artes e Educação Física, disciplina Danças. Titular efetiva de cargo na Secretaria da Educação do Estado de São Paulo, como professora de Educação Física. Tem experiência na área de Educação, com ênfase em Docência de Dança, no âmbito do Lazer e da Educação Física Escolar, atuando principalmente nos seguintes temas: Atividades Rítmicas e Expressivas, Ginástica Rítmica, Danças Folclóricas, Danças Circulares e dos Florais de Bach.

Priscila Raquel Tedesco da Costa Trevisan

Graduada em Educação Física (licenciatura plena) pela Fundação Educacional São Carlos (1995); Especialista em Educação Física, na área de concentração Treinamento e Condicionamento Físico em Academias, pelo Centro Universitário Claretiano de Batatais (2003). Mestra em Ciências da Motricidade pelo IB/Unesp (Rio Claro), sendo bolsista Capes (2010), e Doutoranda em Ciências da Motricidade pelo IB/Unesp (Rio Claro). Membro da Royal Academy of Dance, tendo concluído o programa Teaching Certificate (2005). Tem experiência na área de Arte e Educação, com ênfase em Docência de Dança Clássica e Educação Física Pré-Escolar, tendo atuado principalmente nos seguintes temas: Dança, Atividades Lúdicas e Educação. É membro efetivo do Laboratório de Estudos do Lazer (LEL/Unesp).

Tiago Aquino da Costa e Silva (Paçoca)

Graduado em Educação Física pelo Centro Universitário das Faculdades Metropolitanas Unidas (FMU/ 2004). Especialista em Educação Física Escolar pelo Centro Universitário das Faculdades Metropolitanas Unidas (FMU/ 2008); em Administração e Marketing Esportivo pela Universidade Gama Filho (UGF/ 2011) e em Recreação e Lazer pelo Centro Universitário das Faculdades Metropolitanas Unidas (FMU/ 2012). Membro do Laboratório de Estudos do Lazer (LEL), vinculado ao Departamento de Educação Física, IB/Unesp (Rio Claro). Membro da Leisure World Organization. Membro da Associação Brasileira de Pesquisa e Pós-graduação em Estudos do Lazer (Anpel). Prêmio Top Fiep Brasil "Melhor Profissional de Educação Física" (2011 e 2013). Coordenador de Educação Física Escolar e Esportes da Green Book School. Coordenador da pós-graduação em Lazer e Recreação da FMU. Presidente da Associação Brasileira de Recreadores (ABRE). Autor dos livros *Manual de lazer e recreação* (Phorte); *Esporte escolar* e *Natação e atividades aquáticas nas escolas* (Ícone); *Jogos e brincadeiras: ações lúdicas nas escolas, ruas, festas, parques e em família* (All Print); e *Olhares sobre o corpo - Educação Física Escolar* (All Print). Diretor da Kids Move Fitness Programs e da SP Produções em Entretenimento. Consultor empresarial e palestrante internacional.

Viviane Kawano Dias

Graduada em Educação Física pela Unesp (Rio Claro/SP) (2001); Especialista em Atividade Física e Qualidade de Vida pela Unicamp (2003); Mestra em Ciências da Motricidade pelo Departamento de Educação Física, IB/Unesp (Rio Claro/2006), e Doutoranda em Desenvolvimento Humano e Tecnologias pela mesma instituição. Atualmente é professora da Fundação Municipal de Educação e Cultura de Santa Fé do Sul (Funec/SP), ministrando as disciplinas de TCC I e TCC II, e do Centro Universitário de Jales (UniJales), ministrando as disciplinas de Recreação e Lazer e Diretrizes para Elaboração do Trabalho de Conclusão de Curso. É membro do Laboratório de Estudos do Lazer (LEL), vinculado ao Departamento de Educação Física, IB/Unesp (Rio Claro). Tem experiência na área de Educação Física com ênfase em Envelhecimento, Atividade Física e Qualidade de Vida, atuando principalmente nos seguintes temas: Recreação, Lazer, Envelhecimento e Atividades de Aventura na Natureza.

Sobre o Livro
Formato: 17 × 24 cm
Mancha: 12 × 17,5 cm
Papel: Couché 90g
nº páginas: 176
1ª edição: 2015

Equipe de Realização
Assistência editorial
Liris Tribuzzi

Assessoria editorial
Maria Apparecida F. M. Bussolotti

Edição de texto
Gerson Silva (Supervisão de revisão)
Gabriela Teixeira (Preparação do original e copidesque)
Fernanda Fonseca e Iolanda Dias (Revisão)

Editoração eletrônica
Évelin Kovaliauskas Custódia (Projeto gráfico e diagramação)
Ricardo Howards (Capa e ilustrações)

Impressão
arvato Bertelsmann